EXPO-INFO 2000

Springer
Berlin
Heidelberg
New York
Barcelona
Hongkong
London
Mailand
Paris
Singapur
Tokio

Winfried Schmitz-Esser

EXPO-INFO 2000

Visuelles Besucherinformationssystem
für Weltausstellungen

Mit 54 Abbildungen

Springer

Prof. Dr. Winfried Schmitz-Esser

Oderfelder Straße 13
20149 Hamburg

schmitz_esser@csi.com

ACM Computing Classification (1998): H.5

ISBN-13:978-3-540-67307-1

Die Deutsche Bibliothek – CIP-Einheitsaufnahme

Schmitz-Esser, Winfried: EXPO-INFO 2000: visuelles Besucherinformationssystem für
Weltausstellungen/Winfried Schmitz-Esser
Berlin; Heidelberg; New York; Barcelona; Hongkong; London; Mailand; Paris;
Singapur; Tokio: Springer, 2000
ISBN-13:978-3-540-67307-1   e-ISBN-13:978-3-642-59778-7
DOI: 10.1007/978-3-642-59778-7

Springer-Verlag ist ein Unternehmen der Fachverlagsgruppe BertelsmannSpringer.
© Springer-Verlag Berlin Heidelberg 2000

Umschlaggestaltung: Künkel + Lopka Werbeagentur, Heidelberg
Satz: Datenkonvertierung durch perform electronic publishing GmbH, Heidelberg
Gedruckt auf säurefreiem Papier – SPIN: 10764779   45/3142 GF   5 4 3 2 1 0

Vorwort

Der hier vorgestellte Entwurf für ein EXPO-Informationssystem geht auf Planungen zurück, die schon in einem frühen Stadium der Vorbereitung, nämlich seit 1995, für die EXPO 2000 in Hannover entwickelt worden sind. Wer diese Ausstellung besucht, wird dort aber nicht alle der hier geäußerten Ideen verwirklicht sehen. Auf der ganzen Welt ist es ja so, daß es Abstriche gibt, wenn es an die Realisierung geht.

Darüber hinaus kann der hier präsentierte Entwurf für künftige Ereignisse dieser Art und überhaupt für Ausstellungen von Bedeutung sein. Dem Autor kam es darauf an, den Entwurf idealtypisch und in seiner am weitesten entwickelten Form darzustellen, d.h. in dem Stadium der Ausarbeitung, in dem er zur Umsetzung in Maschinen und Programme anstand.

Zahlreiche Köpfe haben zu diesem Entwurf beigetragen. An erster Stelle zu nennen ist *Achim Lipp*, Museumspädagoge und Leiter des Projekts Besucher-informationssystem bei der EXPO 2000. Er brachte Erfahrungen ein, die er an verantwortlicher Stelle im „European Museums Network" hatte sammeln können, einem von der EU geförderten Projekt. Darin ging es auch um verteiltes Arbeiten an einer didaktischen Aufgabe.

Eingeflossen sind auch Ideen aus einer Reihe seiner anderen Projekte, von denen er einige gemeinsam mit mir geplant oder auch ausgeführt hatte. Insbesondere war Lipp davon überzeugt, daß es eines Datenakquisitions-Tools bedürfe, um die Masse und Vielfalt der zu erwartenden Daten rechtzeitig und in strukturierter Form so zu erfassen, daß sie in das Besucherinforma-tionssystem eingearbeitet werden können.

David Lowry Burgess, Professor of Art am College of Fine Arts der Carnegie Mellon University in Pittsburgh, PA, brachte die Forderung nach einer Bedieneroberfläche ein, die vor allem einer auch nur intuitiven Annäherung des Besuchers an Information und Wissen gerecht werden müsse. Der Faden seines Beitrags reicht zurück zum Center for Advanced Visual Studies beim MIT in Cambridge, Massachusetts, wo er 27 Jahre gearbeitet hat. Beide zusammen haben wir die Idee des thesaurusgestützten „Thought Space Travel", der Gedankenraumreise, entwickelt.

Professor *Manfred Eisenbeis*, Leiter der Kunsthochschule für Medien in Köln, war mit der Ausarbeitung der Detailplanung zu den sogenannten

„Info-Sphären" beauftragt, großen und kleinen, transparenten Kuppel-Konstrukten auf dem EXPO-Gelände und in den Hallen, in denen weithin sichtbar die Points of Information den Besucher erwarten sollten.

Jason Yates und *Philip Heidkamp* als Assistenten dieser beiden Professoren trugen zur Evaluierung und Absicherung des technisch Machbaren bei. Anregungen zur Einbindung von Avataren und Nutzung des Sinnlichen sind Professor Dr. *Titus Leber*, Paris, zu verdanken. Wichtige Vorstellungen zur redaktionellen Realisierung kamen von seiten des beauftragten Outsourcing-Unternehmens eps/Bertelsmann, hier vor allem von *Bert Branahl* als Projektleiter und *Martina Boden*, der Leiterin des „EXPO Info Pools", und ihren viersprachigen Mitarbeitern.

Seine wissenschaftliche Absicherung bezieht der hier vorgestellte Entwurf aus der Arbeit des *Komitees für Klassifikations- und Thesaurusforschung* (KTF) der Deutschen Gesellschaft für Dokumentation (DGD)[1], Frankfurt. Mit mir als Vorsitzendem dieses Gremiums ist dort in den letzten zehn Jahren der Entwurf für einen „lexikografischen, mehrsprachigen, maschinengängigen und universell für Informationslinguistik und Information Retrieval einsetzbaren Thesaurus" ausgearbeitet worden. Ich habe die erste Skizze zu diesem Entwurf 1993 auf dem Deutschen Dokumentartag in Jena der Fachöffentlichkeit vorgestellt.

Damit in den lexikografischen Verlagen die Arbeit an solchen Thesauri, auf die die Fachwelt dringend wartet, endlich in Gang kommt, lag es in der Absicht des Komitees, diesen Entwurf so weit durchzugestalten, daß er als Grundlage für eine internationale Normung vorgeschlagen werden kann.

Im Komitee suchte man seitdem nach Möglichkeiten, die Valenz eines solchen Thesauruskonzepts in breitem Maßstab zu erproben. In dem Projekt zur EXPO 2000 bot sich dazu eine willkommene Möglichkeit.

Alle werden Verständnis dafür haben, daß es im Rahmen des vorliegenden Buches nicht möglich ist, alle Beiträge der einzelnen Mitglieder und Korrespondenten dieses Komitees und auch die von ihnen herangezogenen Quellen im einzelnen aufzuführen. Das würde viele Seiten füllen. Hier kann deshalb nur summarisch gedankt und auf die Schriften als Quellen verwiesen werden, die die DGD und auch die International Society for Knowledge Organization (ISKO) einschließlich ihrer nationalen Chapters in den letzten zehn Jahren herausgegeben haben.

---

[1] Ab 3/99: Deutsche Gesellschaft für Information (DGI)

Dank auch allen anderen, die zu dieser Schrift beigetragen haben, insbesondere *Hendrik Thies*, der mich redaktionell unterstützte und auch die Übertragung in eine englische Fassung besorgte.

Dank aber gebührt vor allem Dr. Hans Wössner und seinen Mitarbeitern im Springer-Verlag. Manuskript und Skizzen zu einem Projekt, das ja gerade auf die neuen virtuellen und multimedialen Möglichkeiten der Darstellung abzielt, haben sie umsichtig und einfühlsam in die hier vorliegende Form, die des Buches, umgesetzt.

Hamburg, im Mai 2000   Winfried Schmitz-Esser

Inhalt

1 Willkommene Anregung schon am Eingang

Angenommen, Sie sind unter den bis zu 300.000 Besuchern, die täglich auf dem Gelände der Weltausstellung erwartet werden. Gleich früh morgens sind Sie gekommen, damit Sie möglichst viel vom Tag haben und sich das Eintrittsgeld von 35 € auch wirklich lohnt. Und Sie haben gerade die Sperren passiert. Was werden Sie tun?

Gesetzt den Fall, Sie nehmen das Informationssystem der EXPO in Anspruch und treten an einen der zahlreichen Informationstische im Eingangsbereich heran.

Sie werden dort nicht der oder die erste sein. Es ist schon jemand vor Ihnen dran. Am ausladenden, oval geschnittenen, leicht angeschrägten Informations-Tisch[2] (Abb. 1) steht da jemand und spielt. So scheint es jedenfalls.

Sie stellen sich hinzu, ein paar andere stehen schon drumherum. Alle beobachten, was dieser „Spieler" da macht: Mit dem Zeigefinger berührt er einen hellen Lichtfleck, der einer Sprechblase im Comic nicht unähnlich ist, oder einem Mond am Himmel oder einem Stern. Der „Spieler" zieht nun den Fleck in die Mitte des Tisches, wo er heller und größer erstrahlt.

Die Projektionen auf dem Screen ändern sich fortlaufend langsam, ohne abrupte Bewegungen. Weiche Übergänge von Bild zu Bild entzücken Ihr Auge und heben Ihre Konzentration. Alle Wege lassen sich einfach nachvollziehen – sowohl vorwärts als auch rückwärts. Sanft und flüssig bewegen sich die Darstellungen.

---

[2] Man stelle sich hier die von der Firma Siemens AG in Paderborn gefertigten Tische am Point of Information (POI) vor. Sie heißen „SIVIT – Siemens Virtual Touchscreen". An ihnen ist eine interaktive Recherche über die Bewegung eines Fingers auf der Tischfläche möglich. Was üblicherweise auf einem Bildschirm zu sehen ist, wird hier von oben herab auf den Tisch projiziert.

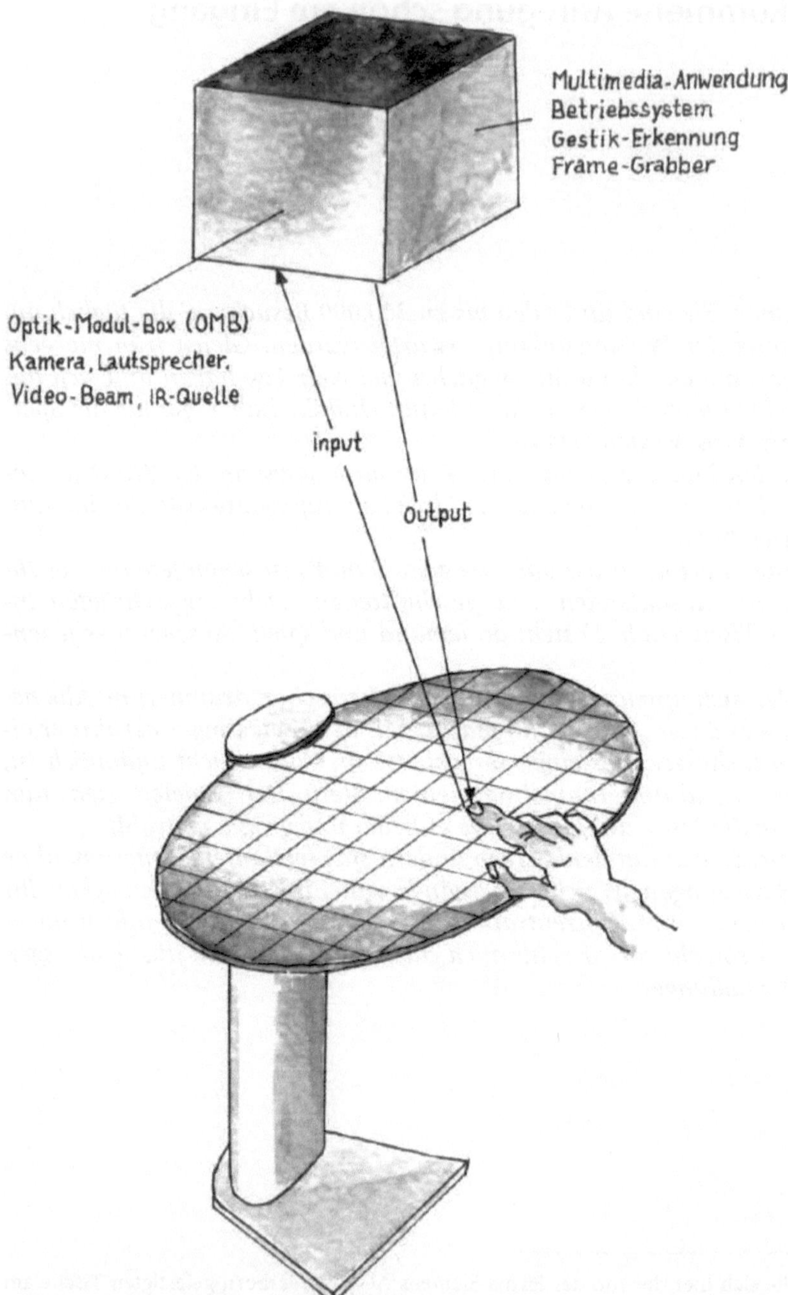

Abb. 1. SIVIT – der von Siemens entwickelte berührungslose „Bildschirm" in Form eines glatten, ovalen Tisches, der als Projektionsfläche dient und bei Verschmutzung jederzeit leicht und schnell wieder gereinigt werden kann.

Gleichzeitig erklingt eine Stimme, die ausspricht, was auf dem Objekt am Bildschirm zu lesen ist: „Anregungen", sagt sie. Um die Blase in der Mitte herum sehen Sie satellitenartig eine ganze Anzahl solcher „Objekte" zum Auswählen gruppiert. Schnell wird Ihnen klar, wie die Sache funktioniert:

Von oben herab, über eine Lichtquelle, wird der „Stern" mittels eines Computers auf den vollkommen planen Tisch projiziert. Der Computer reagiert ausschließlich auf die Bewegung, die der „Spieler" vorgibt. Umstehende haben keinerlei Möglichkeit, in das Geschehen einzugreifen, denn auf Handbewegungen von der Seite reagiert das System nicht (Abb. 2, Seite 4).

Der „Spieler" kann das ausgewählte Objekt mit dem Zeigefinger auch wieder zurückstellen, indem er eine entsprechende ziehende Bewegung macht. Streift er jedoch den ganzen „Kosmos" von Objekten, kann er diesen „Kosmos" horizontal oder vertikal bewegen und weitere Sternenwelten erforschen.

Nun sind Sie an der Reihe: Sie stellen sich an den Info-Tisch und beginnen Ihr eigenes Experiment mit dem Informationssystem.

Der Bildschirm ist auf die Ausgangsstellung zurückgesprungen und zeigt eine große Sprechblase an: „Was Sie sehen sollten", steht dort.

Sie tippen darauf, und auf den Projektionstisch kommen Bilder von Persönlichkeiten, die Sie kennen (Abb. 3, Seite 5).

Als „Spieler" entscheiden Sie sich für das Sujet „Jacques Cousteau". Sie ziehen Cousteau zur Mitte und tippen dort mit dem Finger an. Es erscheint der Screen der Abb. 4 (Seite 6).

Abb. 2. So sieht es der Zeichner: „Ketschap macht nix."

Abb. 3. Bekannte Persönlichkeiten, die als Chiffren für interessante Themen gelten, die der Besucher auf der EXPO sehen sollte

Jacques-Yves Cousteau

Geboren am 11. Juni 1910 in Saint-André-de-Cubzac (in der Nähe von Bordeaux im Département Gironde), wurde Cousteau bekannt durch seine Dokumentarfilme und Fernsehserien über die Welt unter Wasser. An Bord seines Schiffes „Calypso" befuhr er Meere, Seen, Flüsse. Er setzte sich weltweit für Umweltschutz und Artenschutz ein.

Cousteau war Offizier der französischen Marine, danach Meeresforscher. Er konstruierte das erste Preßlufttauchgerät („Aqualunge") sowie zahlreiche Tauchfahrzeuge und Unterwasserlaboratorien. Von 1957 bis 1988 leitete er das ozeanographische Museum von Monaco.

Wäre er jetzt hier auf der Weltausstellung (leider starb er am 25. Juni 1997), sein Interesse gälte der Frage:

Pazifik - letztes Paradies?

Zu diesem Thema gibt es auf der EXPO an 22 Stellen etwas zu sehen.

Die folgenden fünf erreichen Sie in Ihrer unmittelbaren Umgebung:

- *Die Manganfischer der Südsee*
- *Risse im Atoll*
- *Wo die Wale zuhause sind*
- *Großes Sterben am Großen Riff*
- *Augen wie Fackeln*

Wegeplan gewünscht?	Ja ☐ Nein ☐

Abb. 4. Themenspektrum „Jacques Cousteau"

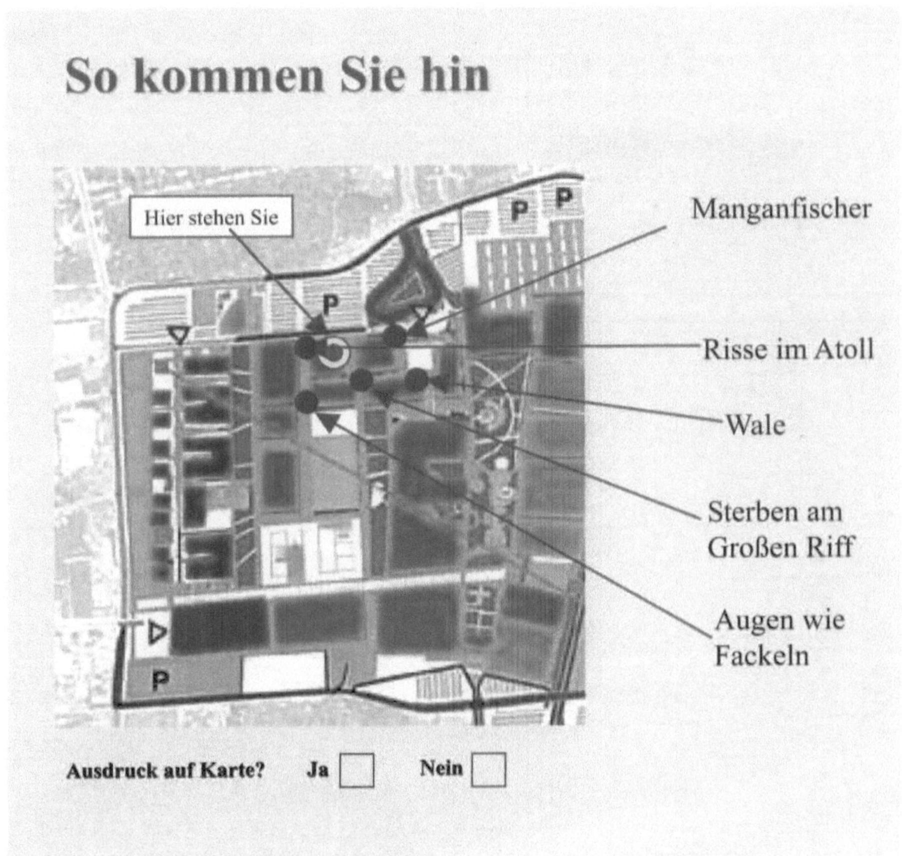

Abb. 5. Wegeplan zu Themen des Spektrums „Jacques Cousteau"

Jetzt ticken Sie mit dem Finger „Wegeplan" an und erhalten auf dem Bildschirm die Umgebungskarte mit den vorgeschlagenen fünf Punkten, die in der Nähe liegen (Abb. 5).

Und von diesem Wegeplan auf Ihrem Projektionstisch wünschen Sie jetzt einen Ausdruck auf Papier. Sie erhalten ihn in Form eines bildschönen Farbdrucks auf einer Karte aus hochwertigem, festem Papier im Format einer Langpostkarte. Die Karte ist steif und paßt in Ihre Brust- oder Seitentasche. Auf der Rückseite sind die fünf Themen, um die es geht, ausgedruckt. Damit marschieren Sie los.

2 Vertiefung des Wissens in der Ausstellung

2.1 Zutritt über ein Suchwort

*Nehmen wir an, Sie haben sich am Morgen im Themenpark „Ernährung"
umgesehen und sind verschiedentlich auf den Begriff „transgen" gestoßen.
Jetzt wollen Sie es genau wissen: Inmitten der rechteckigen Hallenarchi-
tektur des Messegeländes entdecken Sie runde, transparente Gebilde, über-
dimensionalen Iglus gleich, die aus dem eher nüchternen Bild hervorste-
chen.*

*Schnell haben Sie herausgefunden, daß dort die Informationen verbor-
gen sind.*

*Sie gehen also in eine der kugelförmigen Info-Sphären hinein; sie schei-
nen von innen her zu leuchten, während sie von außen besehen die Sonne
reflektieren. Sie erkennen die ovalen Info-Tische wieder. Im Innenraum
dieser „Info-Sphäre" geht es weniger hektisch, eher angenehm still zu. Sie
setzen sich an den Tisch und überlegen in aller Ruhe, was Sie das System
fragen wollten: „transgen".*

*„Tastatur" steht jetzt, gegen 11 Uhr, auf dem Bildschirm geschrieben. Sie
tippen mit dem Finger auf diesen Punkt und sollen nun wählen, in welcher
Sprache die Recherche laufen soll. Sie markieren „Deutsch". Gleich darauf
erscheint die deutsche Tastatur auf dem Bildtisch und Sie geben „transgen"
ein. Was auf den Tisch zurückkommt, zeigt Abb. 6.*

Abb. 6. Das Suchwort „transgen" (deutsch) inmitten einer Auflistung von Themen

Sie sehen also ein Register von Wortfolgen, in denen das Wort „transgen"
vorkommt und untereinander angeordnet in der Mitte steht. Darübergelegt,
ebenfalls als Projektion, eine Lupe, mit der einige Zeilen näher herangezo-
gen werden, – die Zeile in der Mitte am größten, am hellsten.

Kann man sie bewegen? Nein. Aber die Liste darunter? Ja. Man kann sie
am rechten Rand unter der Lupe mit dem Finger hinauf- und herunterzie-
hen und die größte, hellste Zeile als Zeile der Wahl durch Tippen des Fin-
gers markieren.

Das sei etwa: „Kennzeichnung von transgener Nahrung als gentechnisch
verändert". Sie tippen zweimal mit dem Finger auf diese Zeile.

Dieser Doppel-Tipp hat, wie schon am Morgen, offenbar eine Recherche
ausgelöst: Das Ergebnis zeigt Abb. 7.

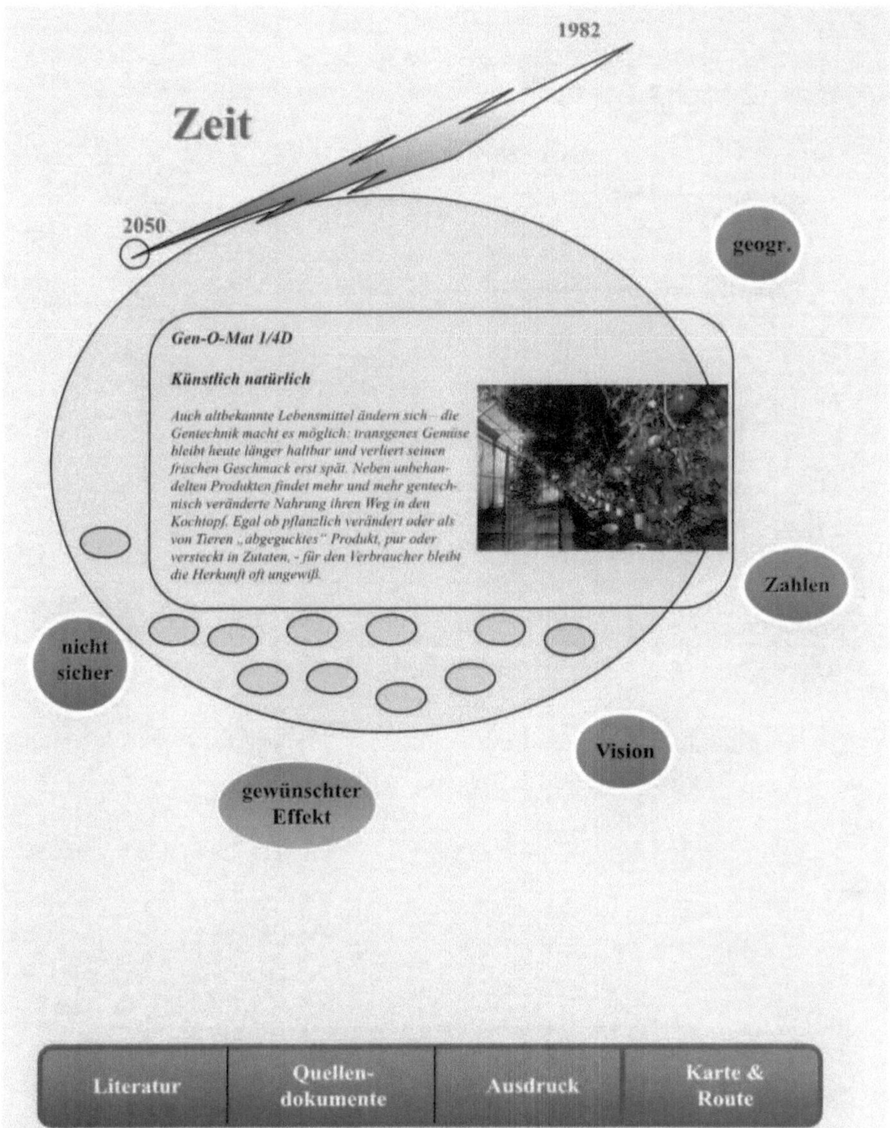

Abb. 7. Ein Kurztext, der fehlende Kennzeichnung transgener Nahrung problematisiert, dazu ein Bild von Tomaten, denen man nicht ansieht, ob sie gentechnisch verändert sind

Sie sehen also einen Text mit einem kurzen Video-Clip oder einer Fotografie. Unterhalb des Textes erkennen Sie kleine und größere, runde Objekte nach Art von Sprechblasen. Sie fragen sich, was sie bedeuten, und tippen auf eine davon.

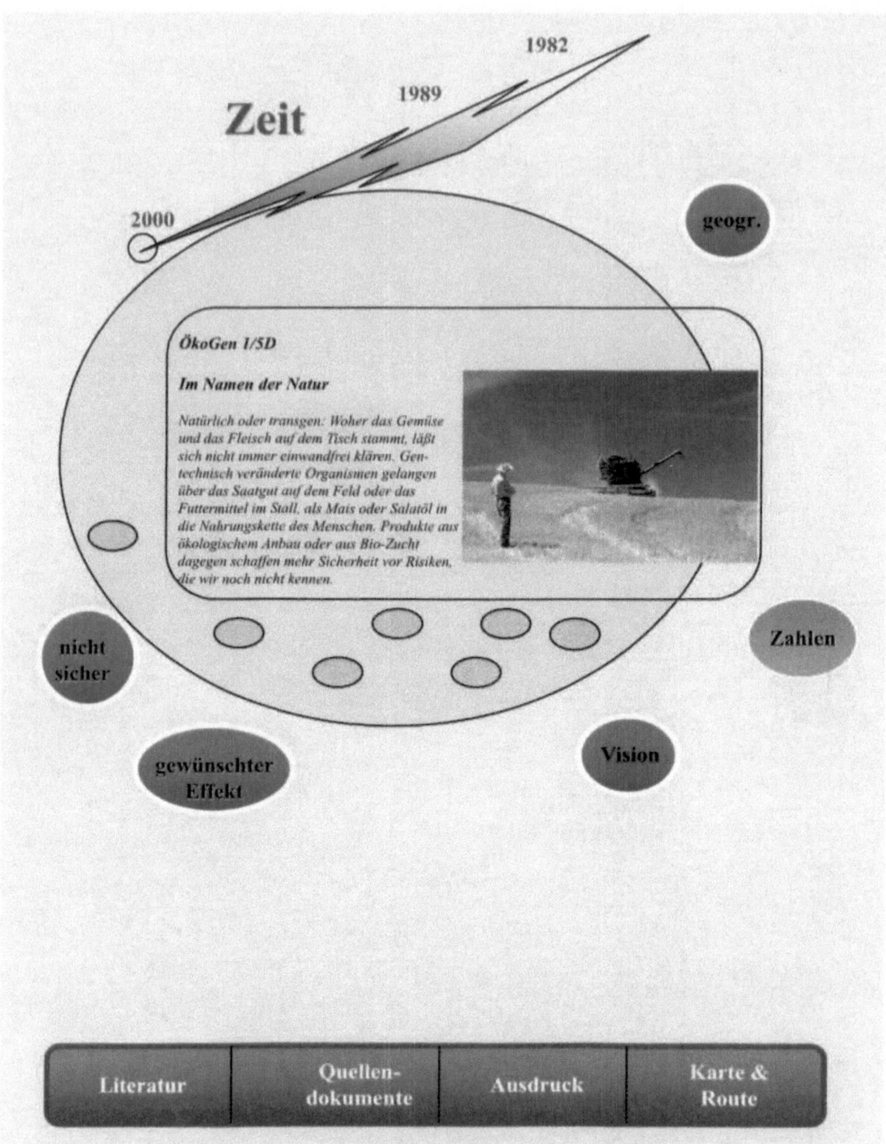

Abb. 8. Ein anderer Kurztext mit Bild, der aussagt, wie man sich vor unbekannten Risiken schützen kann.

Es ist, was Sie vermuteten: ein neuer Text (Abb. 8), und der ist offenbar auch Teil des Suchergebnisses.

Drücken Sie auf ein anderes Oval im Kreis, erscheint wieder ein anderer Text aus dem Suchergebnis, etwa Abb. 9.

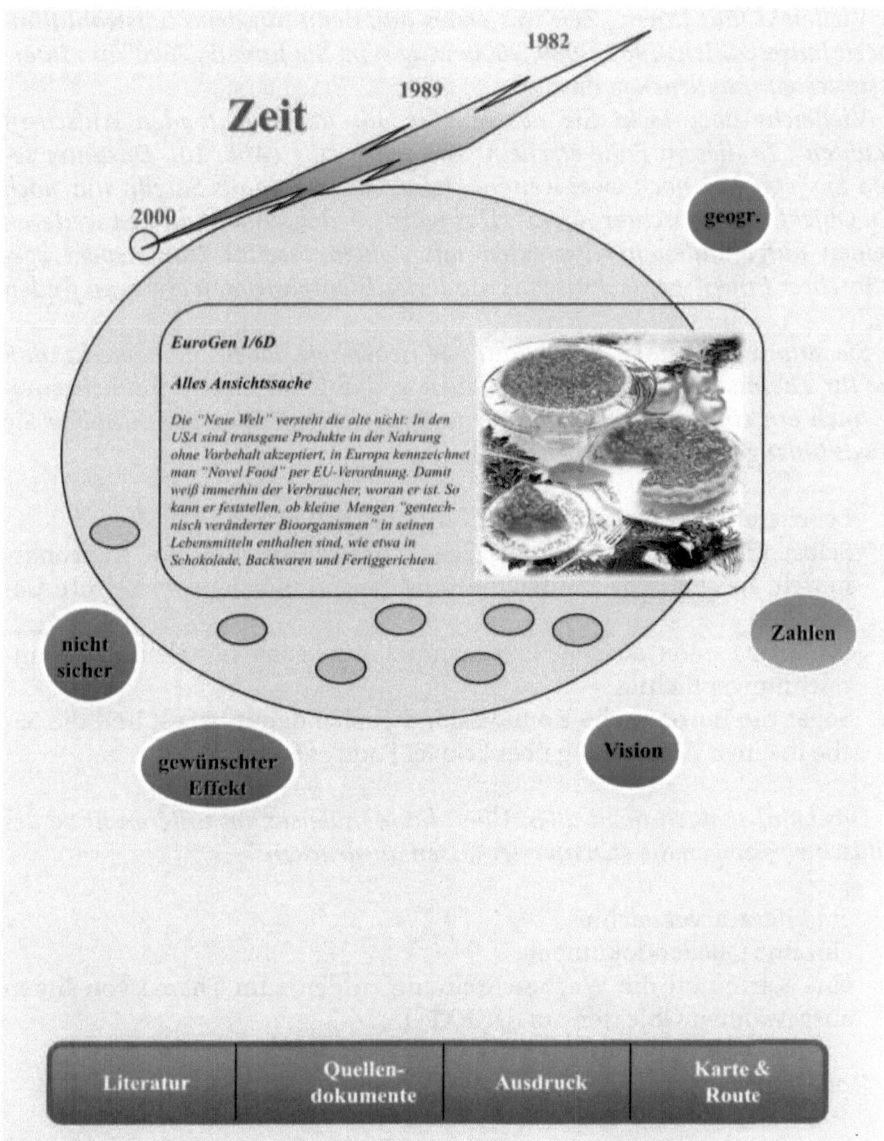

Abb. 9. Europa denkt anders über transgene Produkte.

Mit jedem weiteren Tipp könnten Sie jetzt auch die restlichen „Nüsse knacken". Oder sollten die Objekte, die das Zentrum wie Satelliten umkreisen, weitere Kriterien zur Auswahl bereithalten? Ja, „transgen" ist das Gleiche wie „gentechnisch verändert".

Vielleicht fällt Ihnen „Zeit" als erstes auf, denn auf dem Zeitstrahl flimmern Jahreszahlen: 1982, 1989, 2000. Mag sein, Sie finden „2000" am interessantesten und drücken darauf.

Vielleicht aber lockt Sie der Satellit mit der leuchtenden Aufschrift „Zahlen". In diesem Falle erscheint ein neuer Text (Abb. 10). Darunter sehen Sie jetzt nur noch zwei weitere kleine Ovale, und als Satellit nur noch ein Objekt: „gewünschter Effekt". Das würde bedeuten, daß in den weiteren beiden aufgefundenen Kurztexten mit Zahlenmaterial zum Aspekt „gewünschter Effekt" gentechnisch veränderter Bioorganismen etwas zu finden ist.

Sie staunen: Beinahe unbewußt, wie nebenher, haben Sie bemerkt, daß Sie Ihr Thema weiter eingegrenzt haben und daß am Ende erfreulicherweise auch ein sinnvolles Ergebnis steht. Und auf dem Weg dahin haben Sie etwas hinzugelernt:

1. Lebensmittel können transgene Stoffe enthalten.
2. Selbst kleinste Mengen transgener Zusatzstoffe, die den Nahrungsmitteln beigemischt werden, beeinträchtigen möglicherweise Ihre Gesundheit.
3. In Europa sind transgene Lebensmittel und Lebensmittelzusätze kennzeichnungspflichtig.
4. Sogar die Europäische Kommission hat sich damit befaßt und die Sache in einer Verordnung über „Novel Food" geregelt.

Das ist aber noch nicht alles. Über die Menüleiste am unteren Ende des Bildschirms zeigen Sie sich an oder lassen ausdrucken:

— ein Literaturverzeichnis
— einzelne Quellendokumente
— eine Karte und die Wegbeschreibung zu den zum Thema von Ihnen ausgewählten Objekten auf der EXPO.

Das Literaturverzeichnis etwa setzt sich zusammen aus:

- „Das ist kennzeichnungspflichtig" (Kategorien und Beispiele), in: Handelsblatt, 28.01.1997
- „Was heißt Kennzeichnung ohne Gentechnik?" (Produktliste), in: Essen und Trinken, 1997, Heft 5
- „Die Novel Food-Verordnung" (Kurzfassung über das Gesetz für gentechnisch veränderte Lebensmittel), in: Der Koch, 3/1997

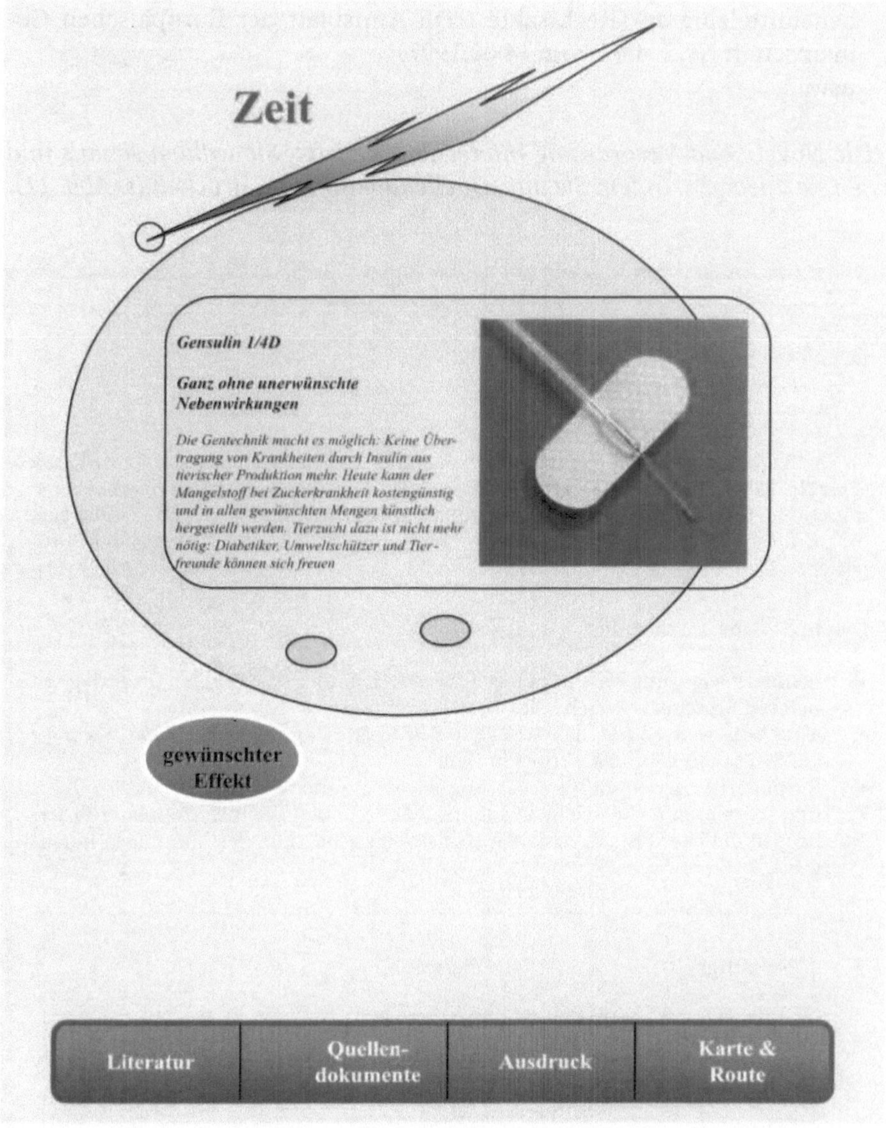

Abb. 10. Künstliche Produktion von Insulin: Auch das ist Gentechnik.

- „Einverständnis mit der Schöpfung" (Beitrag zur ethischen Urteilsbildung), EKD-Publikation (Evangelische Kirche in Deutschland), VH, Gütersloh, 1997 (2. erw. Auflage)
- Verordnung (EG) Nr. 258/97 des Europäischen Parlaments und des Rates vom 27.01.1997 über neuartige Lebensmittel und neuartige Le-

bensmittelzutaten (Rechtsakte / DE Amtsblatt der Europäischen Gemeinschaft Nr. L 43/1 vom 14.02.1997)
- usw.

Die Novel Food-Verordnung interessiert Sie jetzt, Sie wählen sie aus und lassen sie anzeigen, indem Sie auf „Quellendokumente" drücken (s. Abb. 11).

Die Novel Food-Verordnung

Das maßgebende Gesetz für gentechnisch veränderte Lebensmittel ist die Verordnung (EG) Nr. 258/97 des Europäischen Parlaments und des Rates über neuartige Lebensmittel und Lebensmittelzutaten, kurz "Novel Food-Verordnung". Nach jahrelangen, oft erbittert geführten Diskussion trat sie am 15. Mai 1997 in allen Ländern der Europäischen Union in Kraft.

Die Novel Food-Verordnung

- definiert, was unter einem "neuartigen" Lebensmittel zu verstehen ist und damit in ihren Regelungsbereich fällt,
- legt das Verfahren fest, das Novel Food-Produkte durchlaufen müssen, bevor sie auf den Markt gebracht werden dürfen,
- formuliert Kriterien für die Zulassung solcher Produkte
- und schreibt vor, für welche Produkte eine besondere Kennzeichnung erforderlich ist, die über die allgemeinen lebensmittelrechtlichen Bestimmungen hinaus geht.

"Neuartigkeit"	Beispiele
Produkt ist ein gentechnisch veränderter Organismus (GVO) oder enthält diese.	Tomate, Maiskörner, Radicchio Rohwurst mit veränderten Starterkulturen Hefe
... aus gentechnisch veränderten Organismen herge-	• Zucker aus gv Zuckerrüben • Rapsöl

Abb. 11. „Instant Document Delivery" zur Fundstelle: Einführung zur Novel Food-Verordnung der EU, mit Angabe der Quelle, im Faksimile

Dieser Text befaßt sich mit der Novel Food-Verordnung. Auf die gleiche Weise wären Sie an den Text der Verordnung selbst herangekommen (s. Abb. 12, Ausschnitt).

14.2.97 DE Amtsblatt der Europäischen Gemeinschaften Nr. L 43/1

(Veröffentlichungsbedüftige Rechtsakte)

VERORDUNG (EG) NR. 258/97
DES EUROPÄISCHENPARLAMENTS UND DES RATES

vom 27. Januar 1997

über neuartige Lebensmittel und neuartige Lebensmittelzutaten

Das Europäische Parlament und der Rat der Europäischen Union -

gestützt auf den Vertrag zur Gründung der Europäischen Gemeinschaft, insbesondere auf Artikel 100a,

auf Vorschlag der Kommission [1]

nach Stellungnahme des Wirtschafts- und Sozialausschusses[2]

gemäß dem Verfahren des Artikels 189b desVertrags[3], auf Grund des am 9. Dezember 1996 vom Vermittlungsausschuß gebilligten gemeinsamen Entwurfs,

in Erwägung nachstehender Gründe:

(1) Die Unterschiede zwischen den einzelstaatlichen Rechtsvorschriften über neuartige Lebensmittel oder neuartige Lebensmittelzutaten können den freien Verkehr mit Lebensmitteln behin-

Abb. 12. Die Novel Food-Verordnung der EU (deutsch), im Faksimile. Der EXPO-Besucher kommt, wenn er will, also gleich an die Quellendokumente heran.

2.2 Zutritt über andere Suchwörter, die das Gleiche bedeuten

Alles dies haben Sie erfahren, gelernt und zu sehen bekommen ausgehend von „Kennzeichnung von transgener Nahrung als gentechnisch verändert".

Hätte das System ebenso reagiert, wenn Sie sich bei der Suchfrage anders ausgedrückt hätten, etwa so: „Kennzeichnung von genetisch veränderter Nahrung"?

Sie hätten etwa das gleiche Ergebnis erzielt wie in Abb. 6 („transgen"), und zwar in Abb. 13, allerdings in der Kombination „genetisch verändert".

Abb. 13. Recherche (deutsch) zu „genetisch verändert"

Auch auf sprachliche Varianten bei der Ansage der gesuchten Themen geht das Besucherinformationssystem also ein.

2.3 Zutritt aus einem Begriffsnetz heraus

Die Menge an Wissen, die Ihnen als „Spieler" jetzt zur Verfügung steht, hätten Sie auch erhalten können, wären Sie noch einen anderen Weg gegangen. Sie hätten auch direkt durch den Raum der Begriffe zum Ziel navigieren können. Denn das System bietet ihnen die Möglichkeit dazu: den „Thought Space Travel", deutsch: die Reise im Gedankenraum.

Auch hier wären Sie mit wenigen Schritten an das Resultat Ihrer Suche herangekommen. Und wie funktioniert das?

Ihre Beine sind müde geworden, Sie setzen sich an den Tisch am Point of Information in der Info-Sphäre und denken nach, während Sie sich entspannen. Ganz in Ruhe betrachten Sie den Bildschirm der Anregungen für den Einstieg. Sie werden jetzt über „Ideen und Themen" einsteigen.

Sie ziehen also mit Ihrem Finger das Objekt „Ideen und Themen" in die Mitte der Spielfläche, worauf dieses dort größer und heller erscheint. Das Bild wandelt sich, wie Abb. 14 es zeigt.

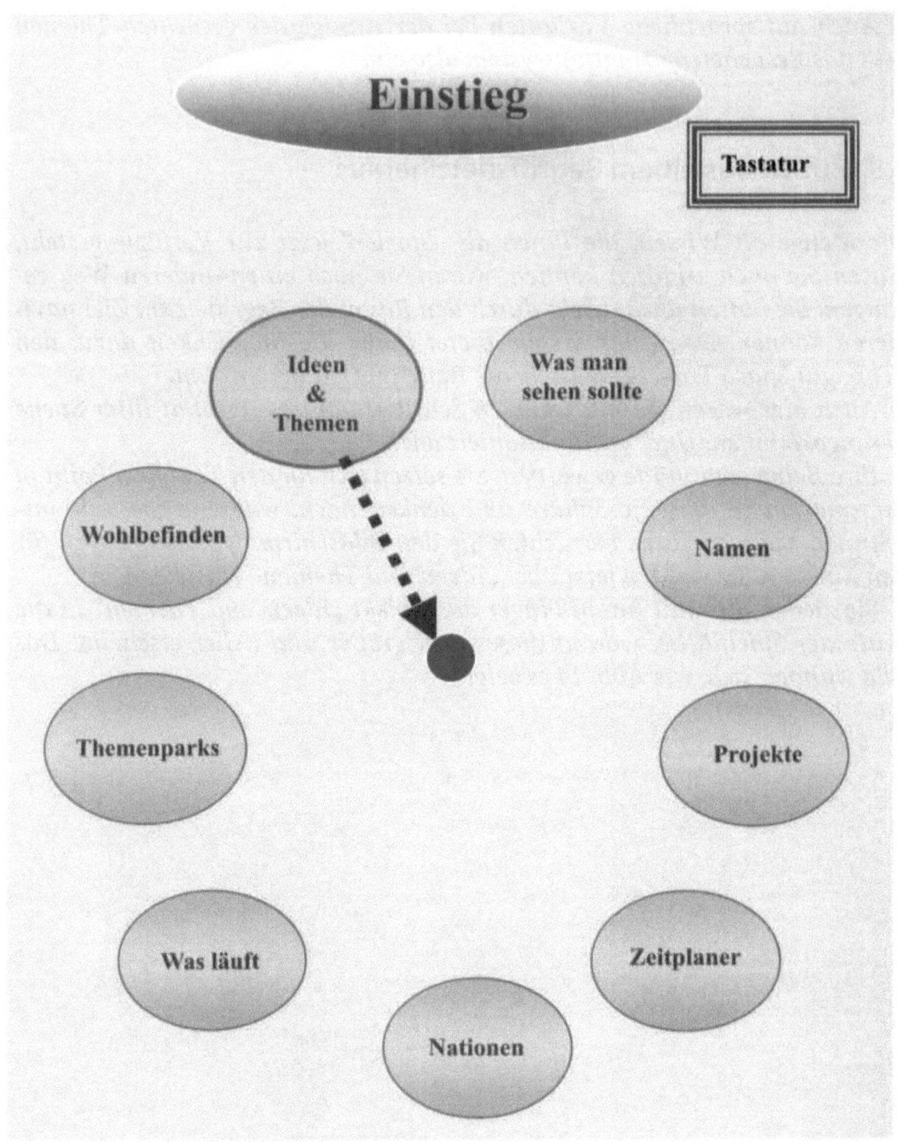

Abb. 14. Die allgemeine Menü-Bildtafel „Einstieg" für die EXPO 2000

Sie ziehen „Ideen & Themen" in die Mitte des Blickfelds und kommen so zum Thema der EXPO (Abb. 15): „Mensch, Natur, Technik" – ach ja.

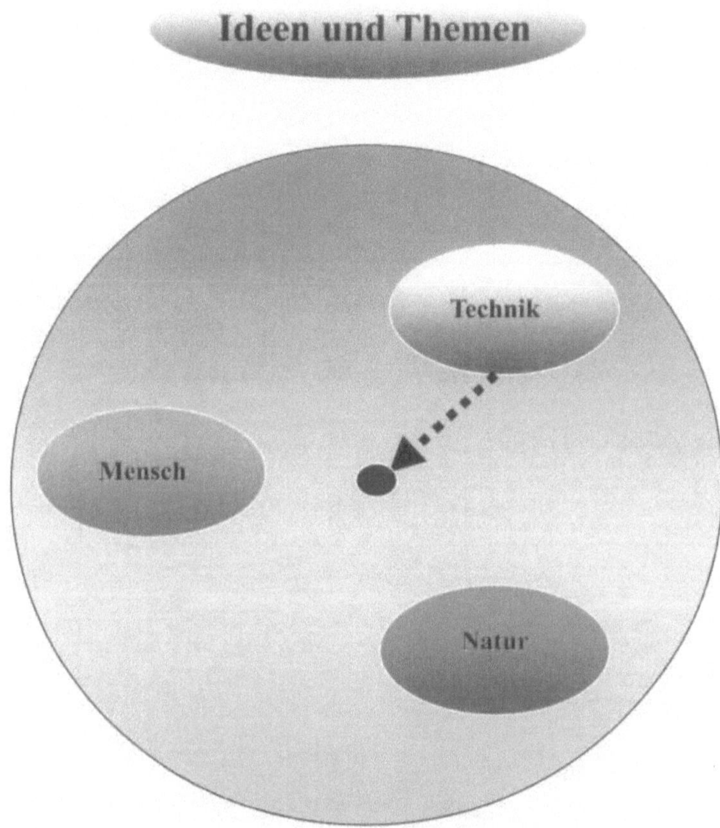

Abb. 15. Die drei EXPO-Themen: Mensch, Natur, Technik

Sie wählen „Technik" und ziehen dieses Objekt ins Zentrum des Bildfelds: Das Objekt wird größer, heller, lauter. Vor Ihnen tut sich der Planet „Technik" mit seinen Satelliten auf (Abb. 16).

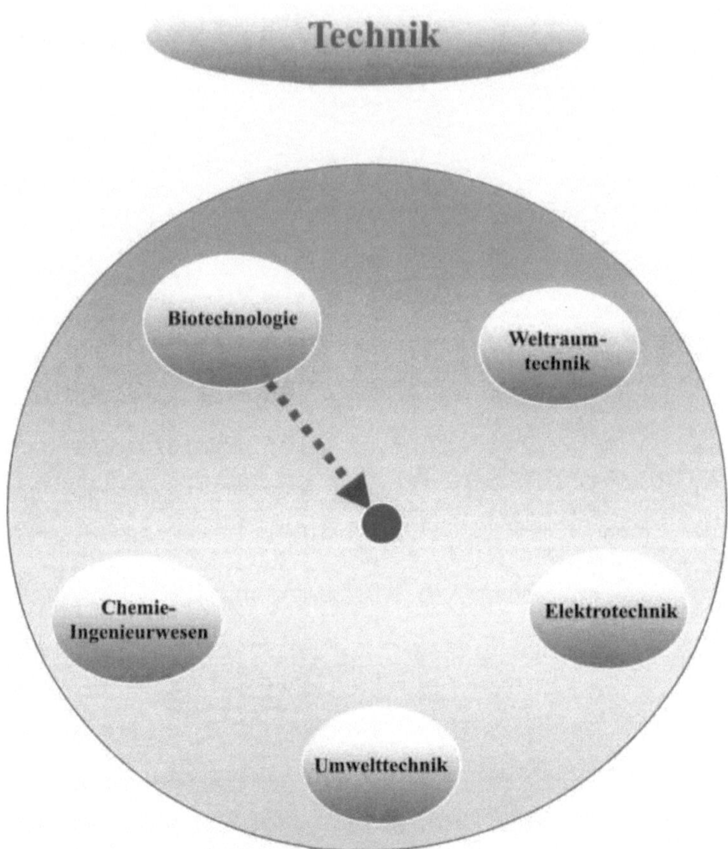

Abb. 16. Gedankenraum „Technik" (vereinfacht)

Der Zielpunkt „Technik", sobald angesteuert, verblaßt, und ringsherum erscheint die Galaxie der Technik-Sterne. Sie wollten ja auf „transgen" hinaus und ziehen „Biotechnologie" in die Mitte (Abb. 17).

Jetzt stehen Sie vor nicht nur einem „Sternenhaufen". Es sind mehrere; in Worten angezeigt sehen Sie aber immer nur ein Objekt, und nur manchmal stoßen Sie auf zwei. Die Galaxien erscheinen in unterschiedlichen Färbungen. Gesetzt den Fall, Sie übersehen das, und es sagt Ihnen nichts, dann ist das nicht etwa schlimm. Sie würden sich auf Ihre Intuition verlassen und hätten gleichwohl eine hohe Chance, brauchbare und jedenfalls interessante Objekte zu entdecken.

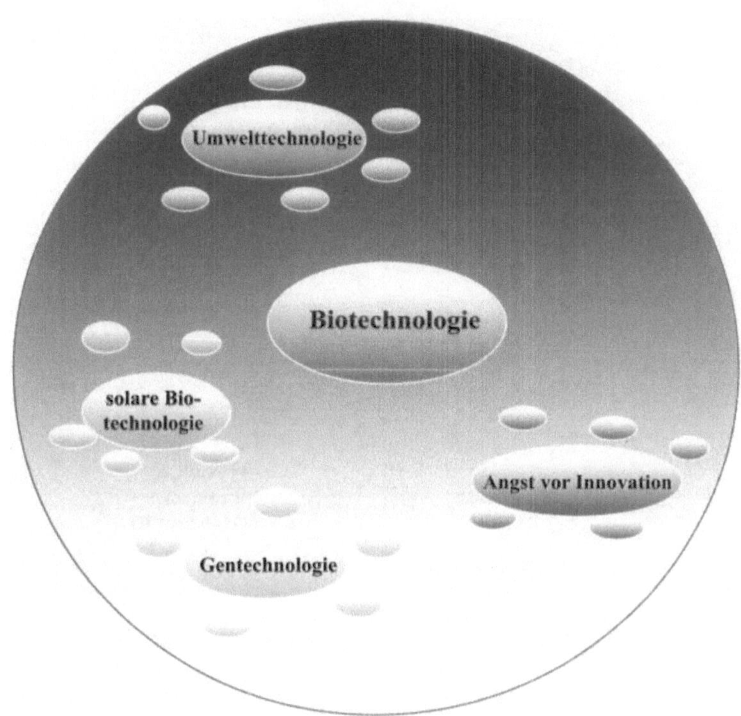

Abb. 17. Gedankenraum „Biotechnologie" (vereinfacht)

Fällt Ihnen hingegen die farbliche Markierung auf, so fragen Sie sich: Was bedeuten die Farben?

„Grün" zu deuten fällt nicht schwer: „Biotechnologie" bringt nützliche Effekte hervor, wie etwa für die Umwelttechnologie. Tippen Sie auf einen der Sterne rund um dieses Objekt, entdecken Sie etwa „biologische Klärung".

„Angst vor Innovation" dagegen beeinträchtigt oder hemmt „Biotechnologie". Die rötliche Färbung bezeichnet also so etwas wie Schädlichkeit.

Und was bedeutet gelb? „Gentechnologie" ist eine Art „Biotechnologie".

Schon finden Sie sich in diesem Raum zurecht.

„Gentechnologie" korrespondiert am ehesten mit Ihrer Wahl. Also ziehen Sie „Gentechnologie" in die Mitte des Bildschirms (Abb. 18).

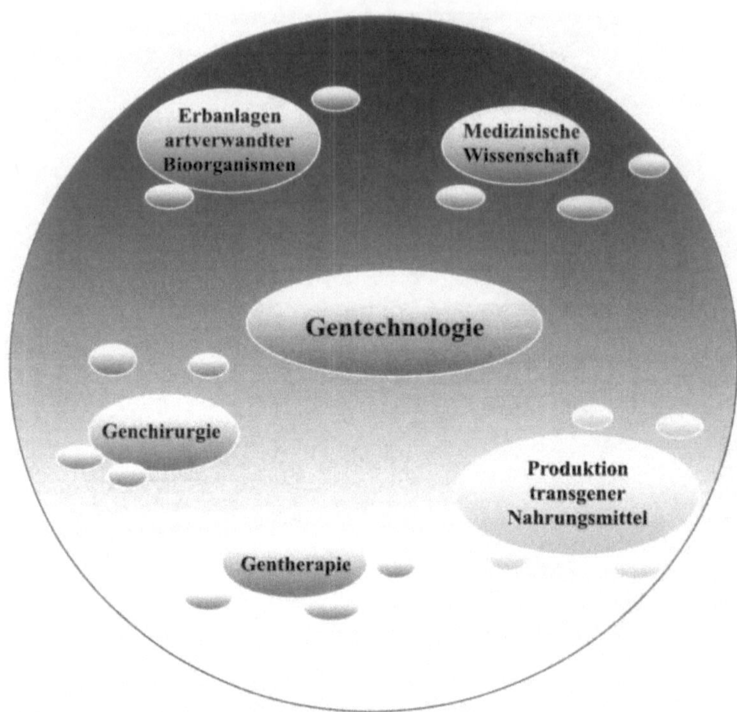

Abb. 18. Gedankenraum „Gentechnologie" (vereinfacht)

Hier läßt sich entdecken: „Gentechnologie" hat einen nützlichen Effekt auf „medizinische Wissenschaft" und scheint „Erbanlagen artverwandter Bioorganismen" zu beeinträchtigen.

„Produktion transgener Nahrungsmittel" ist eine Ausprägung der „Gentechnologie", auch das ist verständlich.

Sie ziehen dieses Objekt in die Mitte: Jetzt „klicken" Sie mit Ihrem Finger zweimal auf „Produktion transgener Nahrungsmittel" und erhalten als Ergebnis einen Text, den Sie schon aus Abb. 7 kennen (Abb. 19).

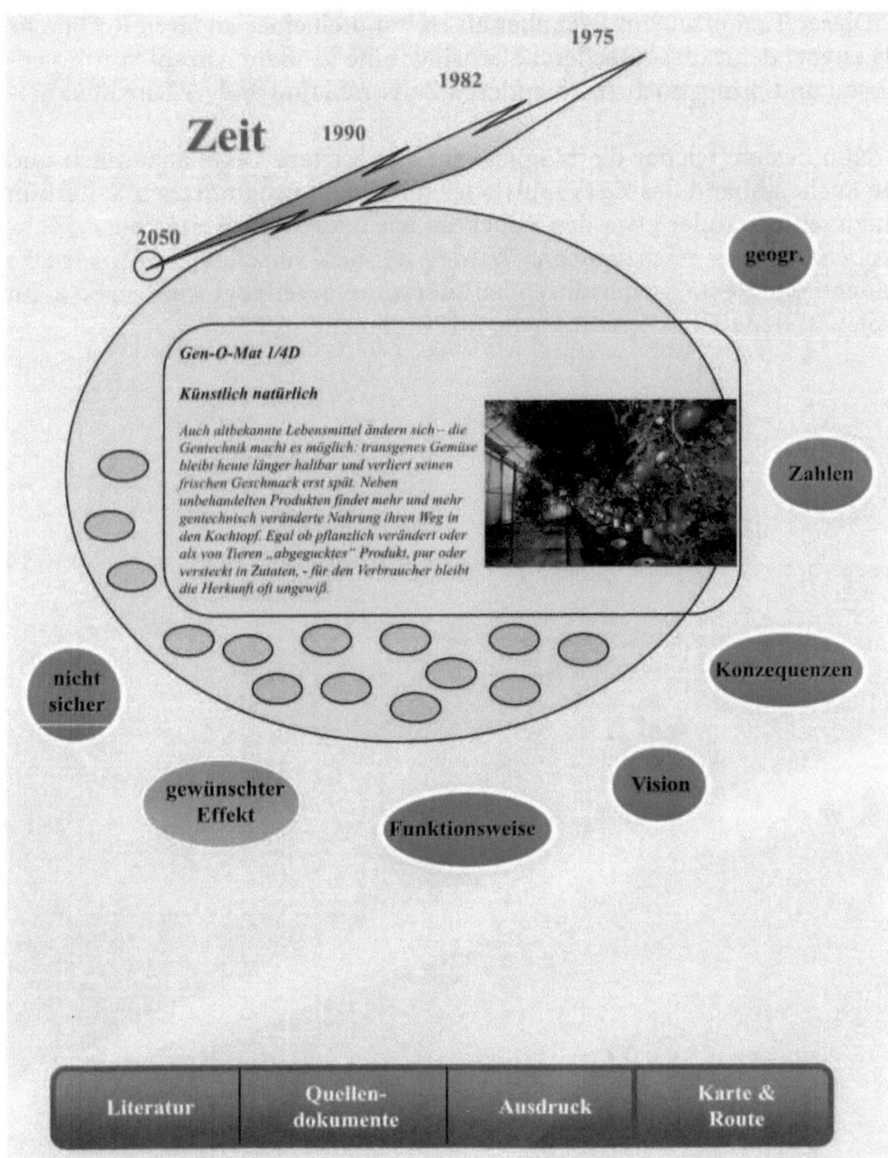

Abb. 19. Kennzeichnung transgener Nahrungsmittel als gentechnisch verändert

Dieser Text erscheint jetzt aber als Bestandteil einer anderen Recherche als zuvor, denn diese Recherche erbringt eine größere Anzahl von Ergebnissen und bringt auch einen anderen Zeitstrahl und andere Satelliten hervor.

Nun besteht wieder die Möglichkeit, sich weitere Texte anzusehen und die Suche anhand des Zeitstrahls oder mit einem geografischen Kriterium aufzunehmen, oder etwa den Aspekten wie „Funktionsweise" oder „Konsequenzen" etc. nachzugehen. Wieder können verschiedene Ausdrucke anderer Kurztexte, weiterführender Literatur etc. verlangt werden. So kann man z.B. weitere Routen durch die EXPO planen.

3 Alles für das Wohlbefinden

Sie haben sich weiter auf der Ausstellung umgesehen, Ihr Wissensbedarf ist fürs Erste gedeckt. Sie haben Hunger.

Wieder blicken Sie sich nach einer der runden Info-Sphären um, die überall in erreichbarer Nähe verteilt sind und gehen hinein. Vielleicht ist diesmal die nächstliegende nur ein wenig kleiner als die, in der Sie vorher nach Information gesucht haben, dann wäre sie nicht im Freien, sondern in einer der Hallen untergebracht.

Jetzt ziehen Sie am Info-Tisch auf der allgemeinen Menü-Bildtafel (Abb. 20) als Einstieg „Wohlbefinden" in die Mitte und sehen Abb. 21.

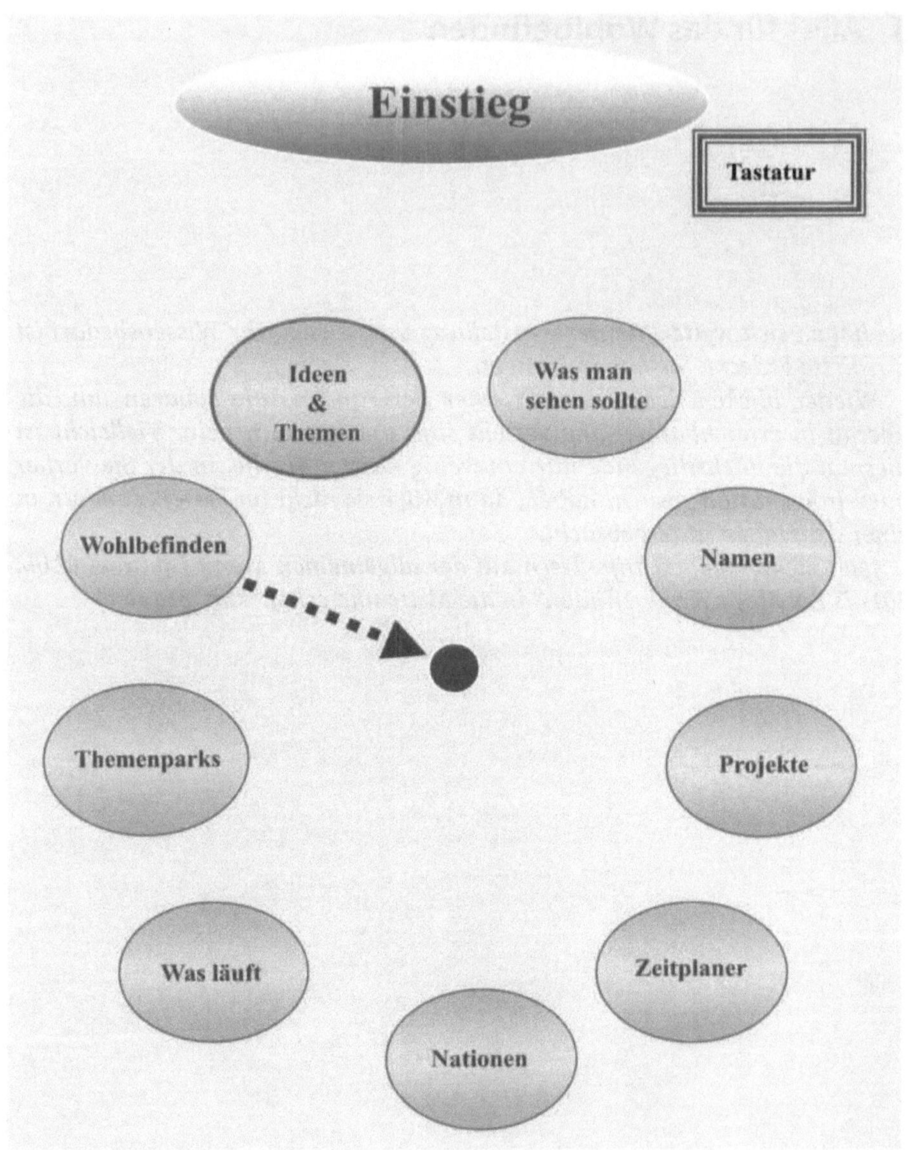

Abb. 20. Allgemeine Menü-Bildtafel

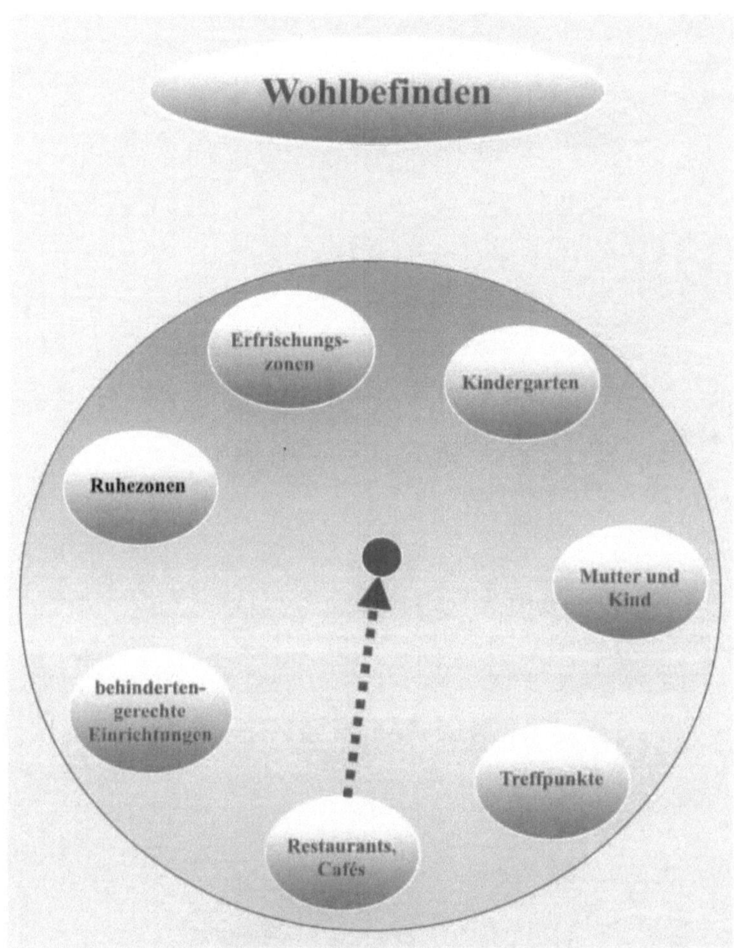

Abb. 21. Menü „Wohlbefinden"

Passend zu Tageszeit und Wunsch finden Sie unter den Objekten, die hier wie Ballons in den Himmel steigen, „Restaurants, Cafés". Sie ziehen dieses Objekt oder UFO in die Mitte. Die Funktionsweise mit Fingerzug und Doppeltipp kennen Sie schon vom „Thought Space" her; nur suggerieren die Farben auf der Projektionsfläche nun nicht mehr Astrales, sondern Irdisches: einen strahlend blauen Himmel und einen bräunlichen Boden. Das Bild wandelt sich. Jetzt erscheint Abb. 22.

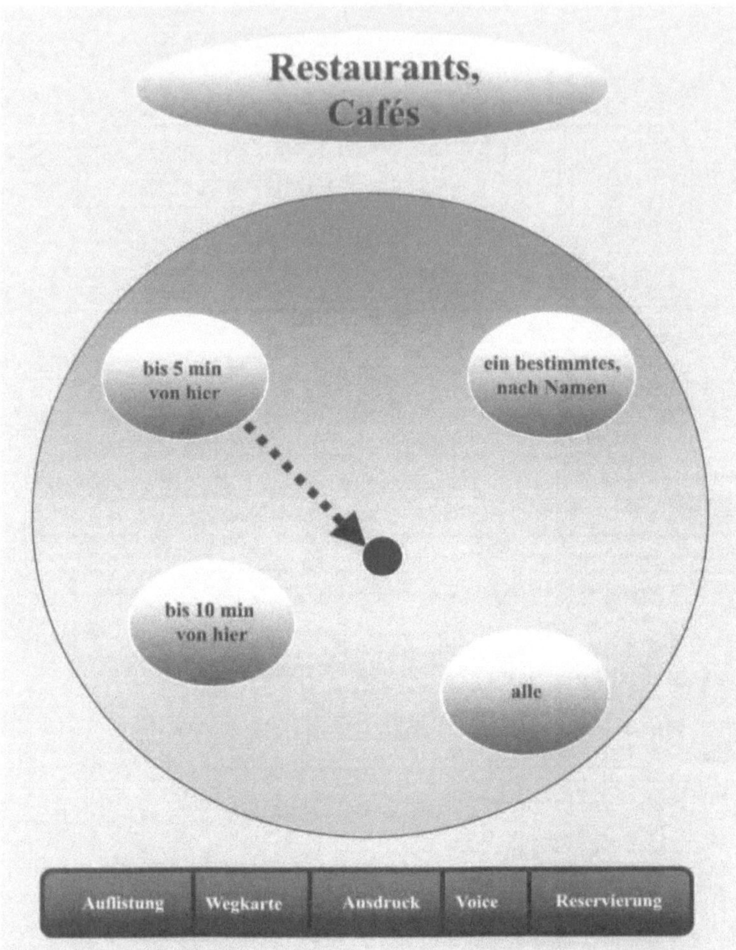

Abb. 22. Menü „Restaurants, Cafés"

„Aha", sagen Sie sich, „in unmittelbarer Nähe gibt es was! Hier steht es: bis 5 min von hier". Sie ziehen das in die Mitte und sehen Abb. 23.

Vielleicht sind Sie überrascht, daß das gastronomische Angebot dem einer Großstadt nicht nachsteht, und Italienisches lacht Sie an. Sie wählen mit Doppeltipp „italienisch", was eine Liste der betreffenden Restaurants erscheinen läßt: „Da Enzo", „Borsalino" und „Fra Diavolo".

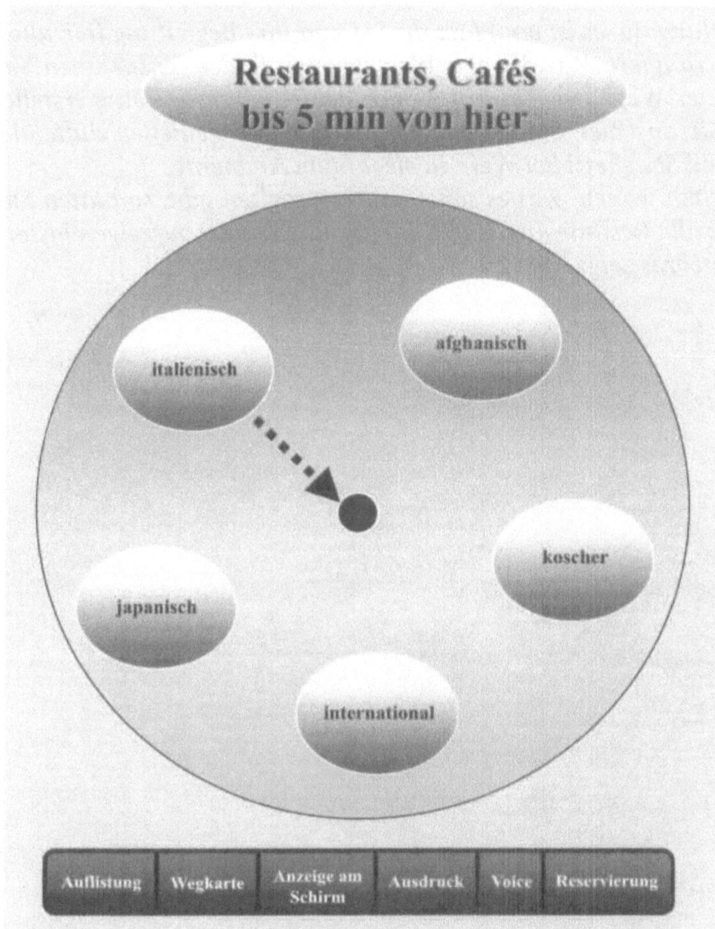

Abb. 23. „Restaurants, Cafés bis 5 min von hier"

Bei Bruder Teufel möchten Sie nicht speisen, doch bei Enzo würden Sie einkehren: Ein Tipp auf „Da Enzo", und Sie bekommen eine kurze Videosequenz auf den Bildschirm, die mit einem Kameraschwenk die italienischkühle Atmosphäre des Restaurants zeigt. Dazu erhalten Sie einen kleinen Text mit Angaben über die Anzahl der Sitzplätze, Spezialitäten des Hauses, Preise von/bis, eine Auswahl an Weinen usw.

Und was heißt „Voice" in der Menüleiste unten im Blickfeld? Sie berühren das Feld, und plötzlich sehen Sie das Bild des Signore auf dem Schirm, es begrüßt Sie Enzo: „Buon Giorno", sagt er und stellt sich, seine Leute und sein Ristorante per Video-Clip vor.

Da bleibt Ihnen nichts anderes übrig, als die Reservierung vorzunehmen. Sie drücken auf die Leiste und stehen interaktiv über ein Bildtelefon mit

Enzo in Verbindung: Ja, es ist ein Platz für Sie und Ihre Begleitung frei, alles Weitere wird arrangiert. Wie Sie den Weg zu Enzo finden, entnehmen Sie dem Ausdruck der Wegkarte. Darauf ist für Sie die kürzeste Route erstellt, und die führt Sie ans Ziel. Sie lehnen sich zurück und genießen duftende Saltimbocche und Spaghetti bei Wein in elegantem Ambiente.

Hätten Sie sehen wollen, was es sonst noch zu speisen gibt, so hätten Sie sich aus Abb. 22 alle Restaurants, Cafés auf der EXPO 2000 aufzeigen lassen können. Das Ergebnis zeigt Abb. 24.

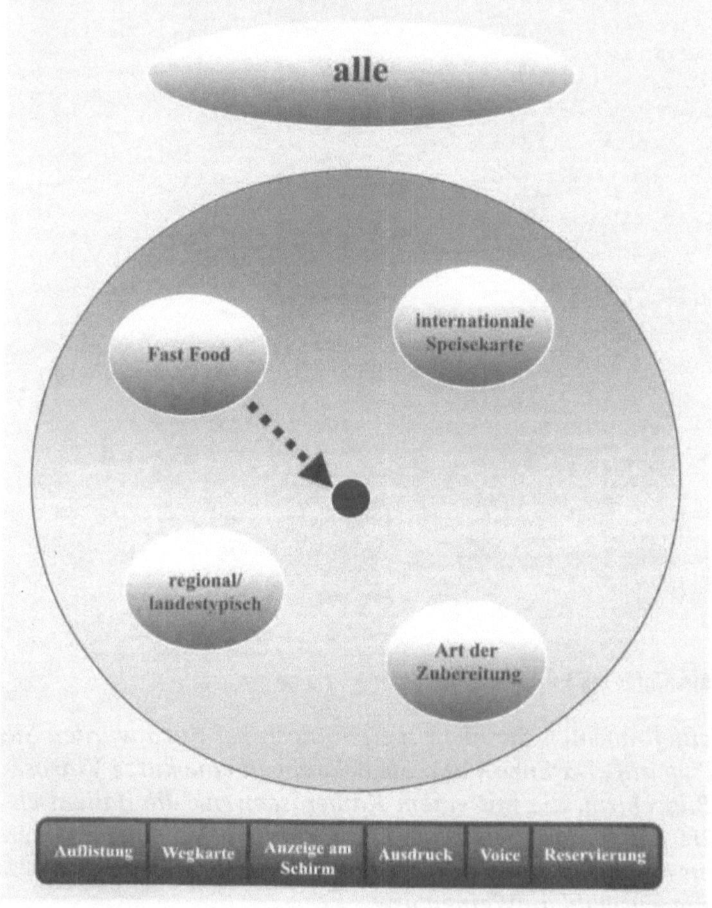

Abb. 24. „alle"

„Fast Food" entspricht vielleicht gerade nicht Ihrem Geschmack; dann wählen Sie jetzt „Art der Zubereitung". Oder Sie gehen zurück zu „Restaurants, Cafés", wie Abb. 22 es zeigt, wo Sie sich „ein bestimmtes, nach Namen" zeigen lassen oder „eine Kette" wie McDonald's (Abb. 25). Ein Pärchen am Info-Tisch nebenan wählt das vielleicht gerade an der gleichen Stelle des Dialogs.

Alle Wahlmöglichkeiten, die der untere Bildschirmbalken bietet, also Auflistung, Wegkarte usw., bleiben Ihnen dabei immer erhalten.

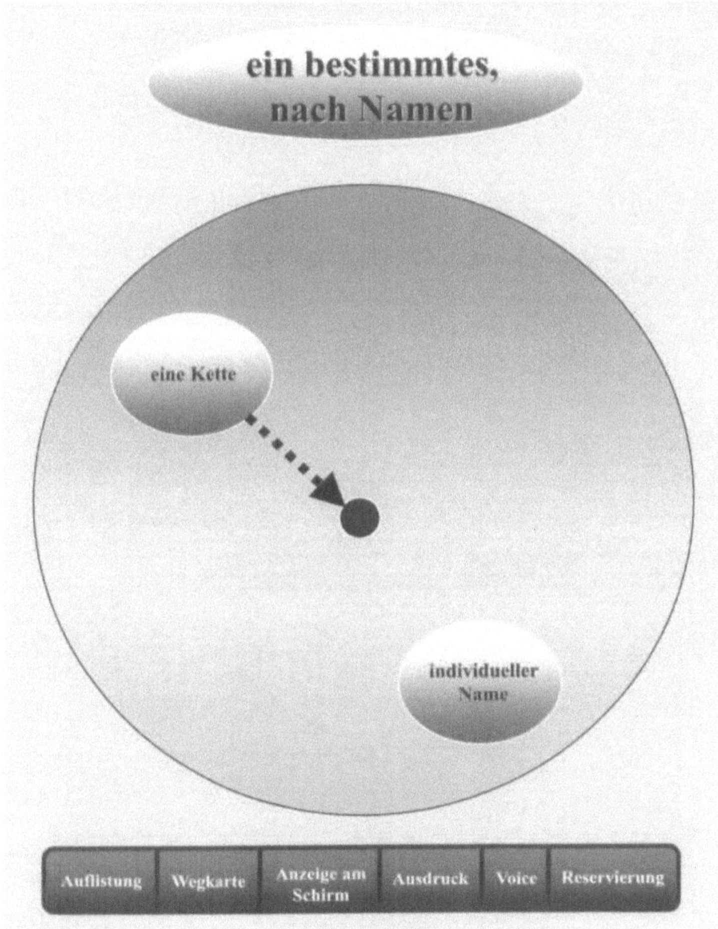

Abb. 25. „ein bestimmtes, nach Namen"

Auch eine Reihe anderer Wahlmöglichkeiten, die die allgemeine Menü-bildtafel für die EXPO 2000 bietet, wie „Nationen", „Themenparks", „Was läuft" usw., findet der EXPO-Besucher in analoger Weise aufbereitet vor. Was sich ändert, ist nicht die Funktionalität, sondern die Präsentation auf dem Hintergrund je eines charakteristischen Hintergrundmilieus, was der Orientierung beim Umgang mit dem Gesamtsystem dient.

4 Die Systemstruktur und ihre einzelnen Elemente

Der Fachmann, der schon etwas von aktuellen Informationssystemen versteht, wird sich nun fragen: „Wie sieht das System dahinter aus, und wie die Aufbereitung der Inhalte?"

Darüber gibt dieser Abschnitt Auskunft. Zugrunde liegt eine ganz einfache Idee. Man braucht es sich nur vorzustellen: eine Weltausstellung im Jahre 2000! Welcher Besucher wäre in der Lage, den Reichtum der Ideen zu überblicken, die hier gezeigt werden?

- Soll er sie zu Fuß „erlaufen"? Unmöglich.
- Aus der Vogelperspektive das Interessante erspähen? Undenkbar.
- Den Katalog durchfliegen? Indiskutabel.

Ein elektronisches Medium muß also her. Aber wie vermittelt man den Überblick?

Man müßte alle Objekte, Events, Projekte und Exponate der EXPO, und überhaupt alle Ideen, die anläßlich der EXPO aufkommen, in kleinste Einheiten der Aussage (des Wissens) zerteilen und sie einzeln gezielt so ansprechbar machen, daß sie entsprechend ihrem Thema vergleichbar werden. So ließe sich dann die Vielfalt des Gebotenen transparent machen und vielleicht auch überhaupt erst konsumieren. Die auf der Ausstellung gezeigten Exponate, Bilder und Filme, die Events und ihre Inhalte ließen sich dann auffindbar machen und solchen kleinsten Einheiten zuordnen.

4.1 Information in der Kapsel

Fußend auf den Ideen „gekapselter" Information[3] wird deshalb im EXPO-Informationssystem (EIS) das Konzept der „Nutshell" verfolgt. Was in einem Text von fünf Zeilen nebst einem kleinen Bild oder Video-Clip kon-

---

[3] d. h. kleiner, autonomer Informationseinheiten, die zum Verständnis keines weiteren Kontextes und keiner Erklärung bedürfen (engl. Information Capsules)

textunabhängig und für jeden verständlich und anregend gesagt werden kann, wird in einer „Nußschale" präsentiert.

Unterschiedliche Objekte mit gleichem Thema lassen sich über das Thema auffinden und eins nach dem anderen als Nutshell betrachten, so daß ein Vergleich der Objekte auf konkretester Stufe möglich ist.

Zusammengesetzte Objekte, wie zum Beispiel der Pavillon der Vereinigten Arabischen Emirate oder die Präsentation der Fluggeräte Leonardo da Vincis, würden mit entsprechend vielen Nußschalen dargestellt werden und müßten nur untereinander sinnvoll verbunden sein.

4.2 Jeder Topos eine Kapsel

Jeder dann betrachtete Aspekt des Objekts wird dann als ein „Topos" gesehen; auf Englisch sagt sich das leichter: Es ist ein „Topic". Jedes Topic hat seine Nußschale, und über eine hinterlegte Topic-Struktur ist es möglich, mehr oder auch alles über das zusammengesetzte Objekt zu erfahren.

Die einzelnen Themen können in allen vier offiziellen EXPO-Sprachen ausgedrückt werden. Dafür ist kein Schlagwortregister oder irgendeine Kodierung notwendig; maßgeblich ist allein der natürliche Fall der Sprache, so wie er mit den Wörtern der allgemeinen Kommunikation zum Ausdruck kommt. Fachterminologie ist für den, der sie versteht, im Angebot der suchbaren Wörter einbezogen. Was aber in der „Nutshell" steht, sagt alles, was zu sagen ist, in einfachen Worten, die aber immer so gewählt sind, daß auch der Fachmann sie als richtig akzeptiert.

4.3 Für jede Kapsel ein Stellvertreter in der Datenbank

Nicht alle Wörter aber, die der Redakteur für seine Darstellung in der Nutshell braucht, eignen sich gleich gut für die Recherche mit dem Computer. Es ist deshalb nötig, einen Suchtext speziell für die Recherche mit dem Rechner zurechtzumachen. Dokumentare würden in ihm eine Art Indexat sehen, Bibliothekare eine Art Inhaltserschließung. Hier geht man einen Schritt weiter. In bestimmter Weise normierte Aussagen werden in dem Suchtext hintereinander geschrieben, so daß sie relational interpretiert und abgefragt werden können; und weil diese Aussagen in der Datenbank stellvertretend für die Aussage der Nutshell stehen, nennt man diesen Stellvertreter Proxy-Text.

Kein Besucher der EXPO bekommt je einen Proxy-Text zu Gesicht; er dient allein den Zwecken einer effektiven Recherche. Der Proxy-Text kann deshalb in idealer Weise auf den Recherchezweck hin zugeschnitten sein.

Es ist nicht nötig, solch einen Text, der allein dem Auffinden dient, für jede der vier Sprachen eines Nutshell-Satzes aufzumachen; es genügt Abfassung in einer Sprache. Hier ist es das Englische, das als sogenannte Mittelsprache fungiert. Mittelsprache heißt: Nicht jedes Sprachpaar braucht ausgeführt zu werden; es genügt jeweils ein Bezug zur Mittelsprache, der allerdings eindeutig sein muß.

4.4 Ein Thesaurus im Hintergrund

Möglich wird diese Leistung des Besucherinformationssystems durch einen speziellen Typ eines Thesaurus: Er folgt einem neuartigen Strukturkonzept, das im Komitee für Klassifikations- und Thesaurusforschung der Deutschen Gesellschaft für Information, DGI, Frankfurt a.M. in den letzten Jahren entwickelt worden ist und Grundlage einer internationalen Empfehlung werden soll. Er ist linguistisch fundiert, mehrsprachig, fachübergreifend, im Prinzip zweckungebunden und maschinenlesbar. Als eine Wissensbasis für eine präzise Indexierung der Nutshells bietet sich diese Struktur an.

4.5 Und „catchy" soll das Ganze auch sein

Die kürzestgefaßten Nutshell-Texte erweisen sich aber immer noch dann als zu lang, wenn es, wie bei der EXPO, morgens darum geht, Tausende von Besuchern gezielt mit Anregungen zu versehen. Mit dem besten Informationssystem der Welt wird es nicht möglich sein, hunderttausend oder gar dreihunderttausend Besuchern in den ersten zwei Stunden nach Ausstellungsbeginn die Geschichte der EXPO 2000 ganz zu erzählen.

Man kann den Besucher in solch einer Situation allenfalls neugierig machen, sein Interesse wecken. Und man kann ihn an dieser Stelle auch nicht ausfragen, wofür er sich interessiert. Denn Wissen, von dessen Existenz oder Wert der Besucher nichts weiß, läßt sich nicht abfragen.

Man muß deshalb aufsetzen auf dem Wissen, das er mitbringt. Daher die Idee, hier bekannte Persönlichkeiten mit den bei ihnen vermuteten Interessen, kurz: Avatare einzusetzen. Jeder Besucher wird wissen, wer Albert Einstein oder Mutter Teresa ist, und jeder hat eine klare Idee, wofür jeweils die beiden stehen. Deshalb fällt es auch nicht schwer, sich vorzustellen, wofür sie sich jeweils auf der EXPO interessieren würden.

Kurz: Wie Gott Vishnu in die Verkörperung eines lebenden Wesens auf der Erde schlüpft (Avatara), so würden hier weltbekannte Persönlichkeiten wie Albert Einstein und Mutter Teresa nun in die Rolle eines Besuchers bei der EXPO schlüpfen.

Und was sie dann dort sehen (würden), das verraten sie nicht. Sie machen den Besucher nur neugierig.

Das geschieht mit Hilfe einer „Catchline" oder Fangzeile, die, einer Überschrift in der Zeitung ähnlich, jeder Nutshell individuell für jede der vier Sprachen zugeordnet wird.

Der Effekt stellt sich so dar, wie vorn in Abb. 3 und 4 für den Fall „Jacques Cousteau" beschrieben.

Welche Avatare für diesen Teil des Besucher-Informationssystems infrage kommen, wird kurzfristig von der Redaktion des EXPO-Besuchersystems, der EXPORED bestimmt. Auf diese Weise kann man schnell auf den Wandel des öffentlichen Interesses an gewissen Personen reagieren, der sich im Extremfall vom einen auf den anderen Tag ergeben kann.

Auch wofür sich die Avatare auf der EXPO angenommenerweise interessieren, wird von den Redakteuren der EXPORED festgelegt. Kurzfristige Änderung des Interessenfelds, ja, ein gewisser Wandel, müßte sogar erwünscht sein. Denn erstens gibt es Besucher, die noch einmal auf die EXPO wiederkommen und die dann erfreut feststellen könnten, daß sich in dem System wirklich etwas tut. Und zweitens ergäben sich entsprechend der Änderung immer neue Routenvorschläge, womit gegenüber den Ausstellern ausgewogener verfahren werden könnte. So käme eher jeder mit seinen Topics einmal dran.

Technisch kommt die Routenempfehlung dadurch zustande, daß entsprechend dem angenommenen Interesse des Avatars ein Satz von Deskriptoren des Thesaurus zusammengestellt und eine Recherche in den Proxy-Texten ausgelöst wird. Die sich dabei ergebenden „Matches" führen zu den Fangzeilen, die dann ohne ihre Nutshells angezeigt werden.

Folgendes ist dazu vorgeschlagen worden:

- Nicht mehr als fünf verschiedene Fangzeilen sollten angezeigt und damit zum Besuch empfohlen werden;
- Es hat nur Sinn, Fangzeilen für solche Topics anzuzeigen, die in der Nähe des fragenden Besuchers aufgefunden werden können; die Anzeige muß also abhängig vom jeweiligen Point of Information sein;
- Kommen in einem individuellen Sprengel für ein Topic mehr als fünf Empfehlungen zusammen, so muß ein Zufallsgenerator oder sonst ein

passender Algorithmus eingeschaltet werden, der dafür sorgt, daß nicht immer nur der gleiche Aussteller/Teilnehmer empfohlen wird;
- Minutenaktuell sollten Empfehlungen gelöscht und die Besucherströme in andere Richtungen gelenkt werden können, etwa wenn sich irgendwo Warteschlangen bilden oder ein Unglück passiert ist.

4.6 Quellennachweis, Document Delivery und Multimedia-Archiv

Wenn der Besucher Näheres zum Inhalt seiner Nußschale erfahren will, bietet ihm das System zweierlei an:

- Eine Auflistung weiterführender Quellen, und zwar dabei durchaus nicht nur in gedruckter Form. Auch Bildquellen, Tonquellen und Videoquellen werden angegeben. Weiterverwerter solcher Quellen, also Journalisten, Leute von den Agenturen usw., können hier auch erfahren, wo und wie sie an diese Quellen herankommen;
- Solche dieser Quellen, die im digitalen Faksimile auf dem Rechner der EXPO aufliegen, stehen dem Besucher der EXPO gleich am Bildschirm zur Verfügung und können individuell am Point of Information ausgedruckt werden. Was immer die Sprache des Originals – hier kann sie geliefert werden.

Den entsprechenden Systemaufbau illustriert das Schaubild Abb. 26.

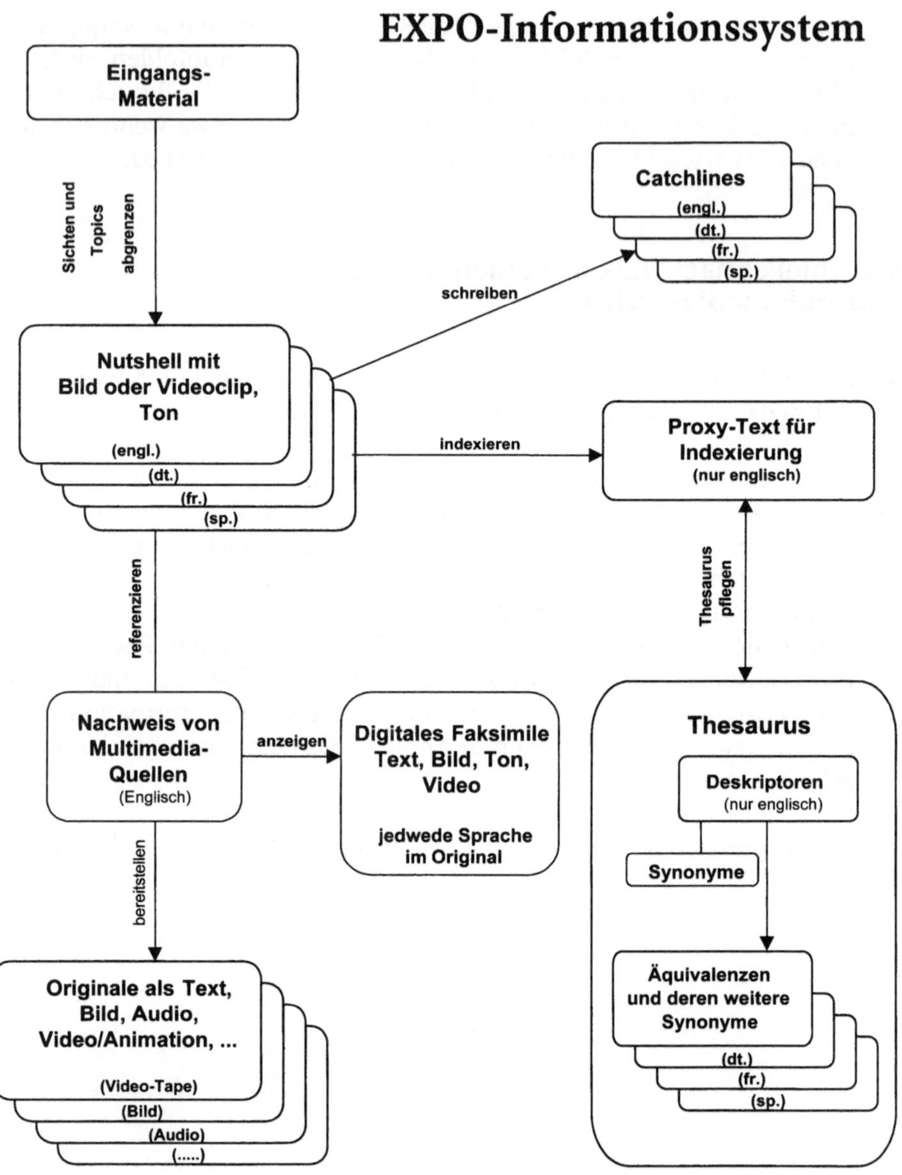

Abb. 26. Schema des EXPO-Informationssystems

5 Wovon alles ausgeht

5.1 Was Aussteller und andere Teilnehmer vorab liefern müssen

Kein Informationssystem ohne Stoff. Das Problem ist nur: Die Unterlagen, die von den Ausstellern zu liefern sind, werden spät eintreffen, vielleicht sogar erst in letzter Minute. Und, wer weiß, vielleicht läßt sich damit dann für das Informationssystem nichts Rechtes anfangen – womöglich ist alles, was eintrifft, eine Kiste mit Hotelprospekten von einem fernen Health Resort. Oder es werden Daten geliefert, die erklärungsbedürftig sind, sich vielleicht sogar widersprechen oder politisch umstritten sind.

Es wird also nötig sein, die teilnehmenden Nationen, Aussteller und sonstigen Veranstalter möglichst frühzeitig in die Pflicht zu nehmen, alle vorhandenen Informationen, die für das Besucherinformationssystem von Belang sein werden, zur Verfügung zu stellen. Da sie nicht wissen können, was von Belang sein wird, muß man ihnen eine Vorstellung davon geben; dies zugleich tunlichst angelehnt an eine Struktur, die es ihnen ermöglicht, Daten zu liefern, die dann „systemkonform" verarbeitet werden können.

Dies soll mit Hilfe eines speziellen Werkzeugs geschehen, des Daten-Akquisitionstools.

5.2 Das Akquisitionstool

Dieses Instrument wird im Vorlauf von zwei Jahren in Form einer CD an die Teilnehmer geliefert. Die damit eingeforderte Information ist so speziell, daß es sich wahrscheinlich als notwendig erweisen wird, die CD in mehreren Versionen vorzubereiten, je nachdem, ob es sich um teilnehmende Nationen, Aussteller, Themenpark-Organisatoren oder Event-Veranstalter handelt.

5.2.1 Aufgaben

Bereits zu so frühem Zeitpunkt fungiert das Akquisitionstool als Struktur-
vorlage und beratende Anleitung zur Bereitstellung, ggf. auch Erhebung
und Behandlung von Daten, Inhalten und Informationen über den jeweiligen Ausstellungsbeitrag sowie zur geordneten Anforderung von Beiträgen
des Teilnehmers.

Die Bearbeitung der eingehenden Daten erfolgt bei der EXPORED, von
wo aus auch der sich dann entwickelnde Dialog zu diesen Daten und zu
weiteren Aktualisierungen gesteuert wird.

Erst dieses Tool macht es möglich, die Informationen so aufzubereiten,
daß nicht nur die Pflichtpublikationen der EXPO (also Ausstellungsführer,
Ausstellungskatalog und Faltplan) in sehr hoher Qualität gleich zu Beginn
der Ausstellung verfügbar sind, sondern daß alle Themen beliebig und ad
hoc zu weiteren Verwendungen bereitstehen. Was z.B. im Vorfeld der
Weltausstellung gesagt werden kann, ist dann auch schon da und kann im
Internet präsentiert werden. Und außerdem garantiert der ständige Dialog,
daß das Besucherinformationssystem jederzeit „up-to-date" sein wird.

Gleichzeitig bringt das Akquisitionstool mehr Sicherheit bei der Planung und Übersicht über die Ressourcen, die von Seiten der Teilnehmer
während des EXPO-Betriebs an die EXPO gestellt werden.

5.2.2 Benutzung

Die Teilnehmer der Ausstellung erhalten die CD mit allgemeinen und de-
taillierten Fragen zu ihrem Projekt auf der EXPO. Vorgefertigte Standards
und Reihenfolgen bei der Stellung der Fragen erleichtern die Benutzung
und ermöglichen gezielt die Beantwortung des EXPO-Fragenkatalogs, –
etwa, *wie man in Neuguinea zu frühstücken pflegt.*

Der Teilnehmer wird auf diese Weise bewegt, den strukturellen Anfor-
derungen und gegebenenfalls auch gewissen thematischen Vorgaben des
Veranstalters zu folgen. Aus einer Sammlung entsprechender Informationen ließe sich dann z.B. leicht ein Buch mit *internationalen Frühstücksre-
zepten* herstellen, und die EXPO könnte einem interessierten Verlag die
Rechte zur Veröffentlichung verkaufen.

Weitere Angaben werden zum Land des Ausstellers (zu Wirtschaft, Politik, Natur, Umwelt, Kunst/Kultur) erbeten, zur benötigten Fläche und
Größe des Projekts, zu den genauen Maßen der Exponate, usw. So weiß
der Einsender, worauf es bei der Beantwortung ankommt, und bei der
EXPO können die Daten sofort gleichförmig strukturiert und in die Datenbank eingegeben werden.

Auch können bei der EXPO projektbezogene Daten auf ihre Vollständigkeit und strukturelle Zusammensetzung hin untersucht und Rückfragen veranlaßt werden.

5.2.3 Bildrechte

Die Rechte an Bildern und anderem Material werden fakultativ vergeben: Teilweise besitzt sie die EXPO (frei für Primärprodukte auf der Ausstellung), teilweise sind sie zu erwerben (frei für weitere Produkte, wie Katalog, CD-ROM etc.), teilweise frei für alle Verwertungen. Jeder ausstellende Teilnehmer bestimmt den Umfang der Verwertungsrechte an seinen Media-Objekten selbst, doch liegt es nahe, das Akquisitionstool dafür zu nutzen, möglichst weitgehende Rechte zur Weiterverwertung einzuholen.

Ließe man diesen Punkt außer Acht, so käme man in einem solchen EXPO-Informationssystem schnell an den Punkt, wo zwar technisch multimedial angeboten werden kann, das entsprechende Medium aber aus rechtlichen Gründen zur Anzeige oder publizistischen Verwendung nicht zur Verfügung steht.

5.2.4 Technik

Werden alle Teilnehmer mit solch einer Akquisitions-CD etwas anfangen können? Wer die realen Verhältnisse bei der Kommunikationstechnik auf der Welt kennt, wird sich diese Frage zu Recht stellen dürfen.

Als unterste technische Anforderung hätte deshalb wohl zu gelten, daß gängige Betriebssysteme laufen müssen.

Erforderlich sind: ein grafikfähiger Drucker, Scanner, Mikrophon, Lautsprecher bzw. Kopfhörer sowie die Anbindung ans Internet für den Datentransfer.

5.2.5 Sprachen

Nach Erhalt erfaßt und bearbeitet der Redaktionsstab bei der EXPO (EXPORED) die eingehenden Texte, Bilder, Filme, Audiobänder etc. nebst sonstigen Daten. Sie werden dabei begrifflich und thematisch mit den anderen Objekten und Projekten zur EXPO/auf der EXPO vernetzt.

Sie stehen dann in den vier offiziellen EXPO-Sprachen zur Verfügung:

- Englisch
- Spanisch
- Französisch
- Deutsch.

Was die Besucher der Ausstellung angeht, kam die Idee auf, den Gast zugleich mit dem Kauf der Eintrittskarte mit einem elektronischen Device auszustatten, einer Art „Tamagotchi" oder vorprogrammiertem Ticket, in das maschinenlesbar eingetragen ist, in welcher der vier EXPO-Sprachen der elektronische Dialog geführt werden sollte. Das Device hätte bei Annäherung an den Point of Information reagiert, oder es hätte über einen Slot in die Station eingeführt werden müssen.

Solch eine Sprachanwahl läßt sich natürlich auch über ein Menü erreichen. Wie immer: Ist die Auswahl der Sprache erfolgt, so werden dem Benutzer nicht nur die Systemantworten auf dem Bildschirm geboten. Wo Eingabe von Zeichen erforderlich ist, bietet das System darüber hinaus selbstverständlich auch dem Nutzer eine Tastatur an, wie sie ihm aus seinem Sprachbereich vertraut ist, also eine QWERTZ-Tastatur für das Deutsche, oder die QWERTY-Tastatur für das Englische.

5.2.6 Schulung

Da der Anwender auf Seiten des Teilnehmers wohl den Umgang mit dem Akquisitionstool nicht auf Anhieb beherrschen kann, sollte er vorher ein Trainingsprogramm durchlaufen: das Computer Based Training (CBT). Darin werden ihm alle technischen Möglichkeiten erklärt, die in dem Tool stecken.

So lernt der Einsender, welche verschiedenen Bildformate gefordert sind, und welchem Format entsprechend er seine Fotos tunlichst einsenden sollte. Bewertungsmaßstäbe für die Auswahl von Fotos werden vermittelt. Auch schult man ihn, ein Ausstellungsobjekt mit einfach strukturierten Texten zu beschreiben.

5.2.7 Kriterien

Das Akquisitionstool erklärt sich selbst und funktioniert entsprechend; irgendein Handbuch ist nicht erforderlich. Es kommt in den vier Sprachen der Ausstellung.

Einzelne Module fragen folgende Kriterien ab:

- Angaben zum Teilnehmer (Datenblatt des Ausstellers zu Staat, Wirtschaft, Politik, Organisation, Firma o.ä.)
- Themen (alle Themenaspekte eines Projekts)
- Multimedia-Objekte (Identifizierung und Erläuterung der Objekte)
- Wörterbuch (eingrenzendes Vokabular für die einfachere Bearbeitung der Information zu Ausstellungsobjekten)
- Prüfmechanismen/Plausibilitätskontrollen (Überprüfung des Info-Materials auf Fehler – mit Möglichkeiten zur Korrektur)

- Angaben zur Auswertung (Übersicht über Themen, Statistiken und anderes Zahlenmaterial als Quelle der Information)
- grafische Planung (Zuordnung von Exponaten und Ständen nach Themen)
- Information zum Intranet (Datentransfer ausschließlich zwischen EXPO und ausstellendem Partner).

5.2.8 Involvierte Personen

Die Bearbeitung des Akquisitionstools soll nicht nur auf eine einzelne Person beschränkt sein; mehrere Personen können an unterschiedlichen Plätzen gleichzeitig damit befaßt sein.

Für den Dialog mit EXPORED bietet sich das Internet an.

So gibt das Akquisitionstool dem Informationslieferanten wie auch dem Veranstalter eine Anleitung, die sich an der Praxis orientiert und gezielt den weltweiten Dialog über genau definierte Daten und Informationen möglich macht. Im wahrsten Sinne des Wortes wird hier die Idee der Ausstellung „erfaßt".

5.3 Nicht weiter geordnetes Eingangsmaterial

Daneben wird sich EXPORED darauf gefaßt machen müssen, daß trotzdem noch eine Menge Stoff, der für das EXPO-Informationssystem wichtig ist, in herkömmlicher Form eingeht.

Es werden Massen von Papier erwartet, die da kommen, dazu Dias und Filme, Tonbänder und Videos, Mikroformen und CDs, die gelesen, durchgesehen, angehört und auf ihre Verwendung im System hin ausgewertet werden müssen. Formal muß der Empfang bestätigt, jedes Stück fachgerecht archiviert und für den Zugriff bereitgehalten werden.

Wie bewältigt man die Berge solcher übersandten Materialien, die dann ja doch aus aller Welt in allen möglichen Sprachen geschickt werden?

Diese Aufgabe der Sichtung und physischen Ordnung und Verwaltung chaotischen Stoffs auf unterschiedlichsten Trägern stellt an sich schon eine Herausforderung für den Professionellen dar. Auf sie ist hier nicht näher einzugehen. Abb. 27 stellt die Situation schematisch dar.

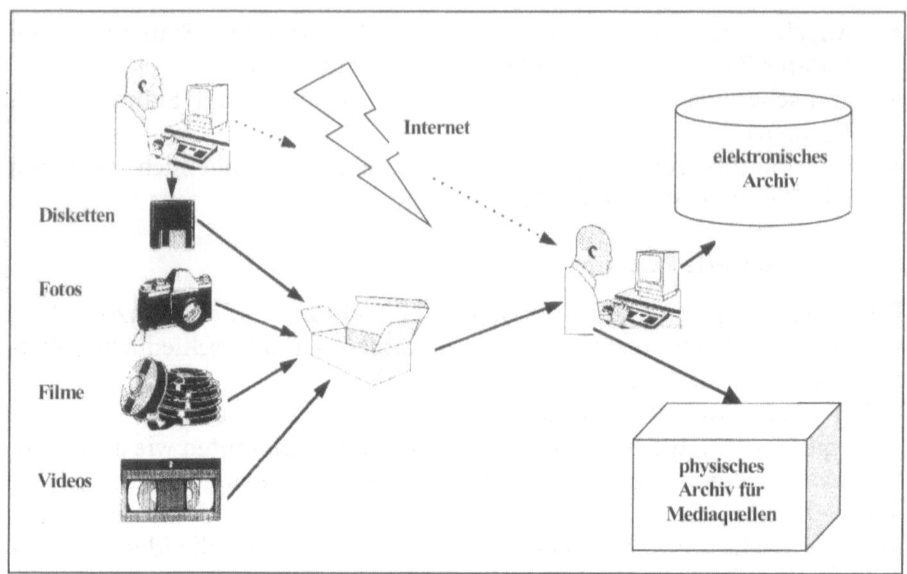

Abb. 27. Sichtung und Archivierung des eingehenden Materials

Interessant im vorliegenden Zusammenhang ist allein die Frage: Wie kommt man bei EXPORED zu den kleinsten Einheiten des Wissens, die das auf der EXPO Gezeigte so zum Ausdruck bringen, daß es transparent und vergleichbar wird? Was heißt: Wie kommt man zu den „Topics", von denen dann jede durch eine „Nutshell" dargestellt werden soll?

Diese Frage bezieht sich gleichermaßen auf das strukturierte wie unstrukturierte Eingangsmaterial. Das strukturierte Material wird sich dabei wohl schon über die CD so einfordern lassen, daß sich Strukturen von möglichen Topics und Subtopics in etwa abzeichnen, so daß man sie bei EXPORED leichter erkennen kann.

6 Den Stoff als Topics und Subtopics strukturieren

6.1 Topos – der Gegenstand des Interesses

Was sind Punkte von Interesse? Was interessiert das Publikum? Fragen der Massenkommunikation und damit an den Journalisten als Darsteller und Vermittler.

Zugleich aber auch Fragen an einen analytischen Geist, denn zugleich muß erkannt werden, was sich aus einem ja meist komplexen Stoff „machen" läßt, oder, andersherum besehen, welche interessanten „Topoi" das Ganze ausmachen.

Deshalb die folgende Maxime: Jeder Topos („Topic"), der innerhalb eines größeren Ganzen, z.B. einem Projekt, einem Sujet des Themenparks eines Pavillons, oder einer Veranstaltung, interessant erscheint, wird als „Subtopic" eines „Topics" aufgefaßt, das das Ganze repräsentiert. Auch Sub-Subtopics muß es geben.

6.2 Gesucht: Struktur ohne Hierarchie

Man mag darin ein hierarchisches Prinzip erkennen; mehr als eine bloß formale Über- und Unterordnung ist es jedoch nicht, denn irgendein thematisch begründetes Gliederungsprinzip, das durchgängig auf alle Themen der EXPO anwendbar wäre, hat sich nicht finden lassen. Denkt man darüber tiefer nach, wird man finden: Ein solches Prinzip läßt sich sogar entbehren; worauf es ankommt, ist allein, daß überhaupt am Ende eine Struktur herauskommt, an der entlang man den ganzen Komplex explorieren kann. Und das ist hier gegeben.

Auf jedes Topic und jedes Unter-Topic wird ein Nutshell-Text geschrieben, genauer: ein viersprachiger Satz von Nutshell-Texten gleicher Aussage. Das Topic zeichnet sich dadurch aus, daß hier das Ganze, die Gesamtheit des Projektes, Themenpark-Sujets etc. zum Ausdruck kommt.

Beispiel:

> Der Zahlencode „1/4 E" bezeichnet Text Nr. 1 (Topic 1) in Englisch, Gesamtanzahl der Topics: vier. Damit behandeln drei weitere Texte Subtopics.
>
> „E" lautet dabei die Abkürzung für die Fassung in Englisch. Dementsprechend steht das „S" für Spanisch, „F" für Französisch und „D" für Deutsch. Für Text Nr. 1 gibt es neben 1/4 E also noch drei weitere Texte gleichen Inhalts, nämlich 1/4 S, 1/4 F und 1/4 D.

Worauf bei der Anlage von Topics auch gleich Rücksicht genommen werden muß, ist die Lage der Quellen, die zur Aussage des Topics/Subtopics vorliegen und sowohl als Multimedia-Nachweis präsentiert als auch auf Wunsch zur Verfügung gestellt werden sollen, – sei es als Multimedia-Objekt, das sich ein Wiederverwerter (Journalist, Redakteur, Filmemacher) aus dem Archiv holt, sei es als EXPO-Besucher, der das digitale Faksimile der Quelle gleich am Bildschirm betrachten und sich vielleicht auch auf Papier ausdrucken lassen will (Instant Document Delivery).

Dabei kann der Fall auftreten, daß ein Multimedia-Objekt als Quelle für mehrere Topics herangezogen werden muß; aber auch der Fall, daß ein einziges Topic mehrere Quellen auf sich vereint, wobei einerseits mit starken Häufungen, andererseits mit merklichen Lücken zu rechnen ist. Solche Disparitäten wird es sowohl in bezug auf die Inhalte als auch auf die zur Verfügung stehenden medialen Formen geben. Für den Redakteur in EXPORED also keine leichte Aufgabe.

Aber es kommt noch anspruchsvoller.

7 Die Nutshells

7.1 Die Präsentationsform: alles in der Nußschale

„Just in a nutshell", sagen die Engländer, und so soll es auch bei der EXPO sein. Auch die kompliziertesten Zusammenhänge lassen sich in einigen wenigen Zeilen sagen. Und sie lassen sich auch so sagen, daß sie jeder verstehen kann.

Was allein Voraussetzung sein soll: ein interessierter Benutzer. Geschrieben werden muß also ein Text, der in nicht viel mehr als fünf Zeilen deutlich sagt, was Sache ist. Man muß diese wenigen Zeilen leicht und gerne lesen. Eine alte Journalistenregel besagt: Kein Leser läßt sich zwingen, den zweiten Satz zu lesen. Die hier verwendete Sprache ist die Sprache der allgemeinen Kommunikation, nicht etwa eine Fachsprache.

Wer die Nutshell liest, muß den Gegenstand ganz verstehen können, irgendein Bezug zu anderen Wissensquellen, medialen oder situationellen Kontexten muß entbehrlich sein; und verstehen kann ihn jedermann, der Interesse hat – der Durchschnittsbürger, der Wissenschaftler und ebenso der wissensdurstige Junge von zehn Jahren.

Der Text kommt in allen vier offiziellen EXPO-Sprachen, also Englisch, Deutsch, Französisch und Spanisch, und er drückt in jeder dieser Sprachen den gleichen Inhalt aus. Wegen der oben gesetzten Bedingungen trifft dafür das Wort Übersetzung nicht ganz, denn jede Nutshell ist eine eigenständige journalistische Kreation.

7.2 Ansprache auch des Sensitiven

Die wenigen Zeilen einer Nutshell werden illustriert durch ein Bild, das neben den Text zu stehen kommt, oder besser noch, sofern es die Quellenlage erlaubt, durch einen kurzen Video-Clip. Ton gibt es auch, allerdings nicht Sprache, denn das würde vom Lesen und damit vom Verstehen ablenken.

Doch ließe sich für Sehbehinderte eine Fazilität einbauen, bei der die Texte angesagt werden – mit Hilfe eines Speech Output-Programms, und zwar in allen vier Sprachen.

Der Nutshell voran steht eine fettgedruckte Zeile, die wie eine Überschrift aussieht und auch eine ähnliche Funktion hat: Neugier zu wecken. Es ist die Catchline, oder Fangzeile.

An der Spitze der Nutshell gibt es einen sogenannten „Slug", eine Kurzbezeichnung, aus der das Topic wie auch die Stellung der Subtopics im Topic hervorgeht, so daß man jederzeit sehen kann, wo in der Topic-Hierarchie man sich befindet und wie viele andere Nutshells es in dem Topic gibt. Ein Buchstabe gibt die jeweilige Sprache an. Das Benutzer-Interface wird so eingerichtet, daß ein Springen von Topic zu Topic mühelos möglich ist. Den Bezug zur Struktur illustriert das unter 6.2 weiter vorn gegebene Beispiel. Hier drei Beispiele für solch einen Nutshell-Satz:

Der erste Satz (Abb. 28–31) heißt „Parascope" und beschreibt das Super-Teleskop in der Atacama-Wüste.

Parascope 1/4 E

A View to the Universe

The history of the universe started anew when in 1987 scientists and technicians of the European Southern Observatory launched the world's largest telescope. A decade later, the telescope benefits from 350 clear nights per year in Chile's Atacama desert, enabling observers to see beyond horizons known to men: By observing celestial objects that before were too distant to be seen from Earth, astronomic enigmas will now be answered.

Abb. 28. Parascope 1/4 E

Parascope 1/4 S

Una vista al Universo

En 1987, la historia comenzó de nuevo. Científicos y técnicos del Observatorio Europeo del Sur lanzaron el proyecto del telescopio más grande del mundo. El artilugio gigante es utilizado en el desierto de Atacama durante 350 noches claras cada año, permitiendo miradas que descubren nuevos horizontes al ser humano, ahora capaz de observar objetos celestiales extremadamente lejanos. Este telescopio contribuirá a resolver múltiples enigmas relacionados con la astronomía.

Abb. 29. Parascope 1/4 S

Parascope 1/4 F

Voir l'univers

En 1987, l'histoire recommença: C'étaient des
scientifiques et techniciens de l'Observatoire
Européen du Sud qui avaient initialisé à cette
date le projet du télescope le plus grand du
monde. Dix ans plus tard, le télescope géant
profite de 350 nuits claires par an dans le désert
de l'Atacama au Chili permettant le regard au-
delà d'horizons connus jusqu'à nos jours: Des
énigmes astronomiques peuvent être résolues maintenant par l'observation
d'objets célestes extrêmement éloignés.

Abb. 30. Parascope 1/4 F

Parascope 1/4 D

Aussicht ins All

1987 begann die Geschichte neu: Wissenschaftler
und Techniker des European Southern
Observatory starteten das Projekt des größten
Teleskops der Welt. Zehn Jahre später nutzt das
Teleskop 350 sternenklare Nächte in Chiles
Atacama-Wüste pro Jahr, um hinter bisher
bekannte Horizonte zu schauen: Antwort auf
astronomische Rätsel durch die Beobachtung
von extrem weit entfernten Himmelskörpern.

Abb. 31. Parascope 1/4 D

Es folgt ein weiterer Satz von Nutshells (Abb. 32–35), hier zum Thema „Ärzte ohne Grenzen":

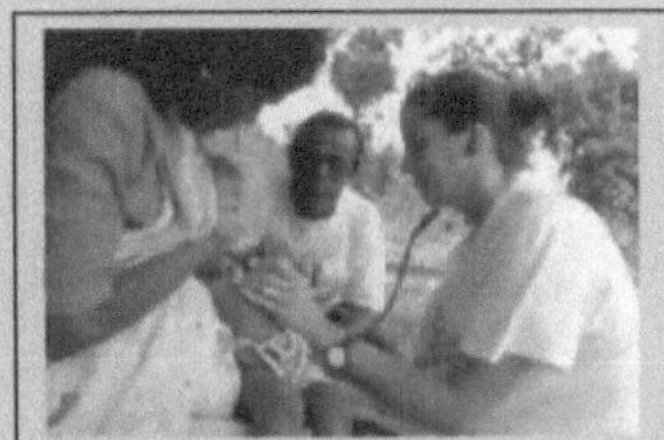

Abb. 32. DocFront 1/7 E

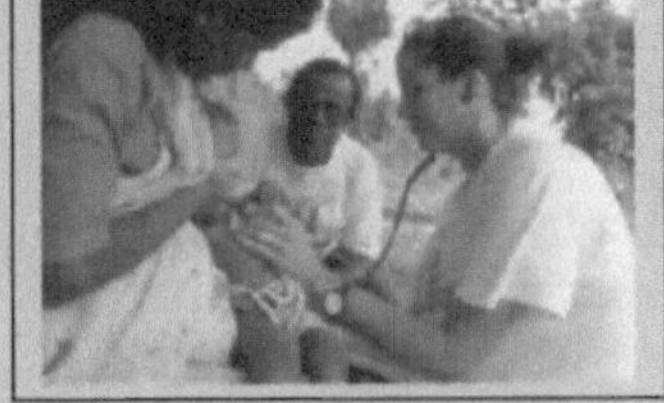

Abb. 33. DocFront 1/7 S

DocFront 1/7 F

L'aide médicale passe par dessus les frontières

*Souvent, ceux qui ont un besoin urgent
d'assistance médicale n'ont pas d'argent. Fondée
en 1971, „Médecins sans frontières",
organisation privée et indépendante de médecins,
d'infirmières et d'autres professionnels, assiste
les malades quelles que soient leur race, religion,
idéologie ou orientation politique. Partout, l'aide humanitaire aux victimes de
catastrophes est dispensée à titre gratuit.*

Abb. 34. DocFront 1/7 F

DocFront 1/7 D

Medizinische Hilfe kennt keine Grenzen

*Oft haben Leute, die verzweifelt ärztliche Hilfe
benötigen, kein Geld. „Ärzte ohne Grenzen", eine
private, unabhängige Organisation von Ärzten,
Krankenschwestern und professionellen Hilfs-
gruppen, hilft seit 1971 Menschen ungeachtet ihrer
Hautfarbe, Religion, Ideologie oder politischen Anschauung. Auf der ganzen Welt
erhalten Opfer von Katastrophen kostenlos humanitäre Hilfe.*

Abb. 35. DocFront 1/7 D

Das dritte Beispiel (Abb. 36–39) berichtet über die Wandlung der Elbe vom einstmals schmutzigsten Fluß Europas zu einem sauberen Gewässer:

Abb. 36. Elbe 1/3 E

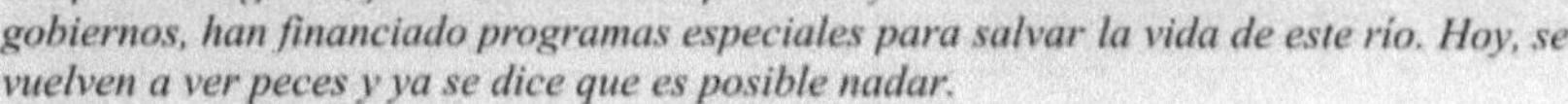

Abb. 37. Elbe 1/3 S

Abb. 38. Elbe 1/3 F

Abb. 39. Elbe 1/3 D

Inhalt und Form der Nutshells bleiben immer gleich; die Art der Ansprache des Nutzers in der jeweiligen Sprache mag variieren.

7.3 Nutshell-Kärtchen zum Lernen und Sammeln

Alle diese Nutshells kann man sich auch über die Bedienungsleiste ausdrucken lassen: Auf kleinen Kärtchen präsentiert sich, Stück für Stück,
komprimiertes Wissen über die Ausstellungsobjekte, die verschiedenen
Länderpavillons, Themenparks etc.

In unaufdringlicher Weise animieren und motivieren diese Kärtchen
nicht nur Kinder zum Lernen. Sie können aber auch gesammelt und zu
Hause im Kreis der Familie oder unter Freunden gezeigt werden.

Bei der Weltausstellung 1998 in Lissabon hielten Stempeleinträge der
einzelnen Aussteller in einen persönlichen Besucherpaß die jungen Leute
in rastloser Bewegung. Vielen der Jungen kam es dabei offensichtlich eher
darauf an, sich bei möglichst vielen Ausstellern den Stempel abzuholen, als
sich mit dem zu befassen, was dort zu sehen war.

Hier wäre es anders: Ein attraktives, interessantes, leicht verständliches
Stück Wissen stünde auf der Karte, und die richtige Zusammenstellung
vieler Kärtchen zu einem Projekt oder zu einem Sachgebiet könnte Gegenstand der Aufmerksamkeit und des Sammelns sein, – nicht nur im Jahre
2000, sondern noch für zwei oder mehr Jahrzehnte danach.

Für die Presse spielen die Nutshells ebenfalls eine wichtige Rolle: Journalisten und Redakteure brauchen sich nur den Satz Nutshells zu einem
Objekt oder Projekt herunterzuladen. Nur was ein zweites Mal gesagt wird,
müssen sie dann streichen. So ersparen sie sich langwierige Recherchen
und haben ihre Artikel im Handumdrehen. Beispiele dazu finden sich
weiter unten bei Punkt 11.7 (Kein Informationssystem speziell für die
Presse).

7.4 Catchlines

„Catchline" lautet die englische Bezeichnung für die Überschrift eines
Nutshell-Textes. Beim Beispiel „Parascope" heißt sie: „Aussicht ins All",
bei dem Text zur wieder sauberen Elbe: „Totes Gewässer wieder lebendig".
Die Fangzeile soll den Besucher direkt ansprechen, ihn möglichst sofort
interessieren und seine Aufmerksamkeit eben „einfangen". Das muß dann
immer etwas Besonderes, Interesse Erheischendes sein: Also etwas, das im
Außergewöhnlichen, in einer besonderen Sichtweise, im Überraschenden,
Grotesken, etc. zu suchen ist.

Die EXPORED, wo die Nutshell-Texte geschrieben werden, denkt sich
auch diese Fangzeilen aus, meist zunächst für das Englische, dann in beliebiger Reihenfolge in den anderen drei Sprachen.

Catchlines werden dort eingesetzt, wo dem Besucher nur eine sehr kurze Information oder überhaupt nur eine Anregung gegeben werden kann und Zeit und Umstände es nicht zulassen, die Nutshell zu präsentieren. Das etwa ist der Fall, wenn am Morgen Zehntausende ins Ausstellungsareal strömen.

Wie aber gelangt der Besucher bei seiner Recherche an die Nutshells, die auf seine Frage reagieren? Dazu bedarf es eines Textes, der speziell für die Zwecke einer effektiven Recherche geschrieben ist. Kein Besucher würde je einen solchen Text zu Gesicht bekommen; es ist auch gar nicht nötig. Dieser Zwecktext dient allein dazu, den Inhalt der Nutshell computerlesbar in der Datenbasis zu repräsentieren, weshalb er Stellvertreter- oder Proxy-Text genannt wird.

8 Der Proxy-Text

8.1 Grundbedingung für Repräsentation: Voraussehbarkeit

Dokumentare würden ihn ein deskriptives Profil, Bibliothekare ein Stück Inhaltserschließung oder ein Indexat nennen.

Linguisten erkennen in ihm eine syntax-orientierte Abfolge von Lexemen, die einem kontrollierten Vokabular entnommen sind.

Für Systemanalytiker und Experten künstlicher Intelligenz erscheint er als eine Repräsentation der betrachteten Objekte. Und in der Tat: Von der Systemphilosophie her gesehen, hat man es zu tun mit der Repräsentation dessen, was in journalistischer und verständlicher Form präsentiert wird (Nutshell).

Zunächst einmal: Der Proxy-Text existiert nur auf Englisch, der Mittelsprache, denn er repräsentiert den Inhalt der Nutshell, die als Satz in allen vier Sprachen für die gleiche Aussage steht.

8.2 Der Proxy-Text besteht aus einer Anzahl von Tupeln

Sodann: Der Proxy-Text besteht aus mindestens einem, meist aber mehreren Tupeln. Jedes Tupel besteht aus vier verschiedenen Elementen, die unterschiedliche, aber genau definierte Aussagen in einer festgelegten Struktur, der semantischen Referenzstruktur, zusammenführen. Die damit gegebene Ordnung der Elemente ist syntaktisch interpretierbar.

Da alle Elemente einem Kanon entsprechend kontrolliert zusammengesetzt sind und die Wörter einem kontrollierten Vokabular, dem Thesaurus, entnommen und auf ihre Plausibilität hin überprüft worden sind, wird, wenn sie gesucht werden, voraussehbar, welche Aussagen als welches Element an welcher Stelle des Tupels stehen müssen. Damit läßt sich eine wesentliche Forderung von Repräsentation in hohem Maße erfüllen, nämlich die, daß Repräsentation, wenn sie denn erfolgt, regelhaft sein muß.

8.3 Jedes Tupel hat vier Elemente

Die vier Elemente eines Tupels geben in folgender Weise Auskunft über je einen wesentlichen Aspekt einer Aussage:

- Was für ein Thema, was für eine Aussage?

  Dieses erste Element wird mit je einem Deskriptor bezeichnet, der dem EXPO-Thesaurus entnommen ist.

- Wo tritt das Thema, die Aussage in Erscheinung?

  Dieses zweite Element wird ebenfalls mit je einem Deskriptor bezeichnet, der im EXPO-Thesaurus verzeichnet ist. Hier kommen aber nur solche Deskriptoren in Frage, die in einer bestimmten Art miteinander begrifflich verknüpft sind, nämlich in Form von geografischen Teil-Ganzes-Beziehungen.

- Wann tritt oder trat das Thema, die Aussage in Erscheinung?

  Das dritte Element bezeichnet einen Zeitpunkt oder eine Zeitspanne in der Zeitrechnung, wobei die kleinste Einheit ein volles Jahr beträgt und die Zeitskala nach oben hin (Zukunft) wie auch nach unten hin (Vergangenheit) offen ist.

- Was für eine Aussage stellt diese Triade dar, und zwar im Sinne bestimmter Aspekte, von denen angenommen werden darf, daß sie für den Besucher der EXPO oder den Weiterverwerter (Presse) von speziellem Interesse ist?

  Die Eintragung in dieses „kategoriale" oder besser: „metainformatorische" Element wird aus einem festen Register genommen, das gewisse Komplexe solcher Aussagen kennt und für jeden dieser Komplexe ein signifikantes Deskriptor-Wort bereitstellt.

Jedes Tupel steht also für eine im Allgemeinbegrifflichen, im Örtlichen, im Zeitlichen und in der Betrachtungsweise definierte und in ihrer Form wiederholbare Aussage.

8.4 Das Tripel Was, Wo und Wann?

Das in Anwendung kommende Retrieval-System setzt auf dieser Struktur auf und ermöglicht es, quer durch alle Tupel einzelne Elemente oder auch jede Kombination solcher Elemente wiederaufzufinden. Je nachdem, in welcher Spalte das Element steht, sorgt das Datenbank-Management-System (DBMS) dafür, daß eine spaltengerechte Verarbeitung ausgeführt werden kann, die teils automatisch arbeitet, teils vom Nutzer gesteuert wird. So wird zum Beispiel das Retrieval in der Zeitspalte so angelegt, daß Eintragungen von Zeitpunkten im Zusammenhang mit Zeitspannen abgegriffen werden können.

Eine sehr spezifische geografische Eintragung, wie zum Beispiel „Mono Lake", könnte bei der Recherche auch über „California" oder „United States of America" angesprochen werden, weil diese Eintragung in der geografischen Spalte steht und sich dann die geografischen Teil-Ganzes-Relationen des Thesaurus aktivieren lassen.

Bei Eintragungen in der Deskriptoren-Spalte geschieht Entsprechendes: Hier folgt das Suchsystem bei der Recherche den anderen Relationen, die im Thesaurus angelegt sind. „Diversion of rivers" ließe sich damit dann über die Schädlichkeits-Relation auch dann auffinden, wenn der Benutzer „threat to ecosystems" verlangt.

8.5 Viertens: die (journalistischen) Aspekte

Die Eintragungen in der Spalte „Aspekte" folgen einer nach pragmatischen Gesichtspunkten aufgemachten Liste. Hier ist das Ziel, gezielt solche Aussagen-Tetraden herauszufinden, die bestimmten, typischen Sichtweisen folgen und bei denen deshalb zu vermuten ist, daß sie für entsprechende Verwendungszwecke von Interesse sind.

So wird für den Schreiber eines „How-to"-Buches oder einer Rezeptsammlung jede Stelle interessant sein, bei der in der Spalte „Aspekte" „recommendation" eingetragen ist, denn „recommendation" steht auch für „instructions", „recipes" und „how to do".

Wer sich um „assessment of consequences" irgendwelcher Entwicklungen sorgt, aktiviert eben diesen Aspekt und findet alle diese Entwicklungen über die entsprechenden Eintragungen in der Aspekt-Spalte.

Dann läßt sich mit Hilfe dieser Spalte Material zusammentragen für aspekt-orientierte Publikationsvorhaben wie: „Weltverständnis", „Wo liegt Antanarivo?", „Wie funktioniert das?", „Unsere Welt heute", „Was wir erreichen wollen", „Die Welt in Zahlen", „Weltvisionen", und anderes mehr. Überflüssig zu sagen, daß solcherlei Materialzusammenstellung bisher von keinem der bekannten Informationssysteme generiert werden konnte.

Und zum Formalen: Die Liste der Eintragungen steht in Englisch, der Mittelsprache, in der allein die Tupel der Proxy-Texte aufgemacht sind. Die insgesamt viersprachige Nutzeroberfläche wird dadurch nicht berührt.

Options for Aspects (to be constantly updated)		
1.	**definition**	*BF*	*interpretation*
2.	**geographical**	*BF*	*location, country, place, subject to national or international law*
3.	**presentation**	*BF*	*description, representation, model, exhibit, design*
4.	**process description**	*BF*	*course of events, sequence of events*
5.	**recommendation**	*BF*	*recipes, instruction, "how to do?"*
6.	**technical**	*BF*	*construction, layout*
7.	**organisational**	*BF*	*social and juridical conditions*
8.	**result**	*BF*	*impact, achievement, realisation, state*
9.	**impact desired**	*BF*	*goal envisaged, target projected*
10.	**assessment of consequences**	*BF*	*estimate of results*
11.	**vision**	*BF*	*forecasts, utopias, imaginary designs*
12.	**figures**	*BF*	*macro-figures, measures*

Legende: BF = Benutzt für

8.6 Die vier Elemente zusammen bilden je einen Satz (Tupel)

Um die weiter oben genannten Beispiele aufzunehmen: Die vier weiter vorne vorgestellten Nutshell-Texte zum Super-Teleskop „Parascope" finden sich im Rechner durch folgende Sätze (Tupel) repräsentiert:

Deskriptor	Geografie	Zeit	Kategorie
very large telescope	Atacama desert	>1987	technical
discovering space	Atacama desert	>1998	impact desired
observation of space from the Earth	Atacama desert	>1998	result
atmospherical diffraction	Earth	<>0	assessment of consequences

Zur Repräsentation des Nutshell-Satzes zu „Ärzte ohne Grenzen" finden sich folgende Tupel:

Deskriptor	Geografie	Zeit	Kategorie
free medical care	Earth	>1971	organisational
private help initiative	Earth	>1971	definition
humanitarian aid	Earth	>1971	organisational

Und das Beispiel von der Elbe, gefaßt in Kriterien zur Recherche, liest sich so:

Deskriptor	Geografie	Zeit	Kategorie
restoration of rivers	Central Europe	>1999	result
restoration of rivers	Central Europe	>1999	organisational
joint private and public sector initiatives	Germany	>1999	impact desired

Dem dokumentarisch geschulten Leser wird folgendes auffallen:

(1) Die Eintragungen in den Tupeln enthalten allgemeine Begrifflichkeiten, wie „private help initiatives". Eigennamen wie „Doctors without frontiers" kommen dagegen in den Tupeln nicht vor.

(2) Die Indexierung erfolgt nicht 1:1, sondern pointierend. Längst nicht alles, was im Nutshell-Text gesagt wird, findet seine Entsprechung in einem der Tupel des Stellvertreter-Textes.

(3) Umgekehrt enthalten einige Aussagen im Tupel mehr Information als im Nutshell-Text enthalten ist, wie im Falle des Elbe-Beispiels, wo sich „joint private and public sector inititiatives" nur auf „Germany", nicht auch auf Tschechien bezieht.

(4) Wo von Tschechien und Deutschland gemeinsam die Rede ist, wird „Mitteleuropa" gesagt, die nächsthöhere Gesamtheit.

Die Antworten darauf sind einfach:

ad (1):
Wird nach einem Eigennamen gesucht, wie z.B. „Elbe", so verläßt man sich darauf, daß er in der entsprechenden Sprachversion der Nutshells enthalten ist und daß man ihn dort mit einer dann aktivierten Full-Text-Recherche ohnehin finden kann. Das System würde entsprechend eingestellt werden. Daß es sich um einen Eigennamen handelt, läßt sich vorab feststellen: Der entsprechende Buchstabenstring ist entweder nicht im Verzeichnis der Thesauruswörter enthalten oder er ist, falls sich eine gleiche Zeichenfolge ergibt, Anlaß, dem Besucher die Frage zurückzugeben, etwa in der Form: „Meinen Sie bei „Luft" den Begriff oder den Eigennamen?"

Das Ganze funktioniert natürlich nur dann, wenn die Full-Text-Recherche nur in jenem Satz Nutshells ausgeführt wird, der zur Sprachkennung des Nutzers paßt. Denn man muß davon ausgehen, daß der Nutzer Eigennamen so schreibt, wie sie ihm aus seiner Sprache geläufig sind. Um ein Beispiel zu geben: Ist er Franzose und sucht den Rheinfluß, wird er sagen „Rhin", ist er Engländer, „Rhine", ist er Spanier: „Rheno", und der Deutsche sagt natürlich „Rhein". Jeder von ihnen würde seinen Match nur in den Nutshells seiner Sprache finden.

Und was, wenn er als Engländer englischsprachigen Dialog gefordert hat, aber aus Courtoisie, weil er es interessant findet oder aus sonst einem Grunde „Rhein" eintippt? Dann ist ihm nicht zu helfen, es sei denn, die EXPO entschließt sich zum Einsatz eines phonetischen Programms (SOUNDEX o.ä.), das dann auf Ähnlichkeiten der Schreibweise reagiert. Vor allem auch auf Eingabefehler.

Programme dieser Art existieren. Verwiesen sei auf ein solches Programm, das für die Pressedatenbank von Gruner+Jahr in Hamburg entwickelt worden ist. Es ist auf Eigennamen unterschiedlicher Sprechweise eingerichtet.

ad (2):
Beiläufige Erwähnungen, wie z.B. die Rückkehr der Fische in die Elbe, bleiben unberücksichtigt, so wie es aus der Indexierungspraxis geläufig ist.

ad (3):
Das vorgegebene Tupelschema erzwingt grundsätzlich die Ausfüllung aller Elemente mit diskreten Werten. Die Recherchemöglichkeiten werden so verbessert. Daß die Anstrengungen zur Wiederherstellung der Elbe erst einsetzen (konnten), nachdem der Eiserne Vorhang gefallen war, ist dem Leser, wenn er den Nutshell-Text bekommt, geläufig. Will man die Aussage recherchierbar, d.h. mit anderen Aussagen vergleichbar machen, so muß man das, was sonst aus dem Zusammenhang hervorgeht, explizit sagen. Ein gewisser Mehraufwand, der dadurch beim Indexieren entsteht, und auch zuweilen die Unmöglichkeit, die exakten Daten herauszufinden, – dies beides muß dabei Kauf genommen werden.

ad (4):
Die Zusammenfassung zur nächsthöheren Einheit („Central Europe") ist geläufige Praxis in der Indexierung.

Wichtig für das Verständnis der Proxy-Texte und der hervorragenden Ausgangsbasis, die sie für die Recherche bieten: der syntaktische Zusammenhang. Er erst ermöglicht ein klares Verständnis des Gemeinten und damit gute Suchergebnisse.

Greift man also beispielsweise im Laufe einer Recherche auf den Deskriptor „discovering space" zurück, bleibt er stets auch mit der Kategorie *„impact desired"*, dem Jahr *„>1998"*, dem Land *„Chile"* und dem Kontinent *„Südamerika"* verbunden.

Erst ein so erstellter Proxy-Text macht es möglich, Informationen auch nach einzelnen Begriffselementen maschinengestützt zu recherchieren, etwa nach Zeiten und Zeitspannen, nach Ländern, nach Aspekten, etc. Bei den Deskriptoren der ersten Spalte und bei den Ländern steht für die Recherche der Begriffs-, Ausdrucks- und Relationenapparat des Thesaurus zur Verfügung, so daß man etwa eine Recherche nach sonst gleichem Tupel in einer Spalte auch allgemeiner (weiterer Begriff) oder spezifischer (engerer Begriff) stellen kann.

Auch für die Einengung übergroßer Rechercheergebnisse leistet der Proxy-Text hervorragende Dienste.

8.7 Die Tupel in der Zusammenschau

Eine Zusammenschau ausgewählter Tupel, wie sie dann in der Datenbasis
stehen, zeigt die folgende Übersicht (Abb. 40). Die Eintragung in der ersten
Spalte, zusammen mit der Eintragung in der zweiten Spalte, zeigt jeweils
die Zugehörigkeit zum jeweiligen Proxy-Text, die Eintragung nur der ersten Spalte die Zugehörigkeit zum Topic. Deutlich geht daraus der syntaktische Zusammenhang der jeweiligen Aussage hervor.

Slug	Nr.	Deskriptor	Geogr.	von/bis	Aspekte
MonoLake	1	ecological campaigns	Mono Lake	1978–2000	impact desired
MonoLake	1	environmental education	Mono Lake	1978–2000	result
MonoLake	1	diversion of rivers	Mono Lake	> 1941	technical
MonoLake	2	urban expansion	Los Angeles	1900–2000	figures
MonoLake	2	urban expansion	Los Angeles	> 1950	process description
MonoLake	2	drinking water supply	Los Angeles	> 1941	technical
MonoLake	2	threat to ecosystems	Mono Lake	> 1941	figures
MonoLake	3	environmental legislation	California	> 1994	organisational
MonoLake	3	nature conservancy	Mono Lake	> 1978	organisational
Needs	1	sustainable economic development	Earth	1992	definition
Needs	1	contribution of developing countries to the environment	Earth	> 1960	vision
Needs	1	creation of a sound social environment	Earth	> 1992	impact desired
Needs	10	life expectancy	Earth	1994	figures
Needs	10	the homeless	Earth	2000	figures
Needs	10	the unemployed	Earth	2000	figures
Needs	10	poverty	United States of America	2000	figures
Needs	11	propensity to consume	United States of America	1986–1994	figures
Needs	11	social value of work	Earth	> 2000	assessment of consequences
Needs	12	diversification of the offer	Earth	2000	assessment of consequences

Slug	Nr.	Deskriptor	Geogr.	von/bis	Aspekte
Needs	13	human rights	Earth	1948	definition
Needs	13	basic human needs	Earth	1948	definition
Needs	23	public debt relief	Africa south of Sahara	> 2000	impact desired
Needs	23	public indebtedness	Earth	< 2000	result
Needs	23	austerity policies	Earth	< 2000	result
Needs	24	increasing population	Earth	1960–1998	figures
Needs	24	contraception	Earth	1960–1998	figures
Nutri	4	food technology	Earth	> 1980	impact desired
Nutri	4	increased productivity	Earth	> 1980	impact desired
Nutri	4	biological pest control	Earth	> 1980	impact desired
Nutri	4	food supply	Earth	> 1980	definition
Nutri	15	overpopulation	Earth	> 1798	vision
Nutri	15	birth control	Earth	~ 2000	result
Nutri	15	birth control	Earth	~ 2000	impact desired
Nutri	15	fight against hunger	Earth	1950–2000	result
Nutri	19	agrarian reform	South Corea	> 1950	result
Nutri	19	agrarian reform	Taiwan	> 1950	result
Nutri	19	agrarian reform	Earth	> 2000	impact desired
Nutri	24	increased productivity in agriculture	Earth	1950–2000	result
Nutri	24	monoculture	Earth	1950–2000	result
Nutri	24	inequalities between the rich and the poor	Earth	1950–2000	organisational
Nutri	28	protectionist attitudes	European Union	> 1950	organisational
Nutri	28	protectionist attitudes	North America	> 1950	organisational
Nutripav	7	eggs	Earth	> -100.000.000	presentation
Nutripav	7	fossilised eggs	Earth	> -100.000.000	presentation
Nutripav	9	food preservation	Earth	< 2000	technical
Nutripav	9	food for astronauts	Earth	> 1961	presentation
Nutripav	9	health food supplements	Earth	> 1970	presentation
Nutripav	9	nutrition in the future	Earth	> 2000	vision
Nutripav	11	cooking	Germany	~900–2000	technical

Slug	Nr.	Deskriptor	Geogr.	von/bis	Aspekte
Nutripav	11	eating habits	Germany	~900–2000	presentation
Nutripav	11	food supply	Germany	1945–1950	organisational
Nutripav	11	rationing	Germany	1945–1950	organisational
Nutripav	11	cooking	Germany	> 2000	vision

Abb. 40. Auszug aus der relationalen Datenbank der Stellvertretertexte (Proxy-Texte). Proxy MonoLake 1 hat drei Tupelzeilen, MonoLake 2 vier, Needs 1 drei, usw.

8.8 Der Spezialist aber soll sie lesen können

Obgleich der Nutzer des Informationssystems eine solche Aufstellung nie zu Gesicht bekommen wird, bleibt doch jedes Tupel für den Eingeweihten, d.h. den Dokumentar und den Redakteur des Besucherinformationssystems, ohne weiteres lesbar und auch interpretierbar.

Das ist zum einen deshalb nötig, weil jederzeit Klarheit darüber herrschen muß, ob die Angaben

- innerhalb der einzelnen Tupel stimmig und vollständig sind,
- sich zwischen den einzelnen Tupeln sinnvoll ergänzen und nicht widersprechen,
- aller Tupel zusammen zu je einem Nutshell die wesentliche Aussage der Nutshell auch wirklich wiedergeben.

Zum anderen zwingt diese Art, den Inhalt zu bezeichnen, den Dokumentar dazu, sich klar darüber zu werden, welche Aussagen in der Nutshell wesentliche Aussagen sind, also solche, die es überhaupt für die Recherche zu öffnen lohnt – im Gegensatz zu bloßen Erwähnungen; denn nichts würde für einen Nutzer enttäuschender sein als nach einem Gegenstand zu suchen und ihn in der Nutshell nur aufgezählt oder am Rande erwähnt zu finden.

8.9 Hilfen für den EXPORED-Redakteur und Anforderungen an ihn

Aber auch für den Redakteur der Nutshell, also der Präsentationsform, wird verdeutlicht, was, von dem er schreibt, wirklich wichtig ist. Für ihn ist der Tupel-Satz eine willkommene Hilfe zur eigenen Disziplinierung beim Schreiben.

Beide Erwägungen führen dazu, die dokumentarische und die redaktionelle Funktion idealerweise in einer Hand zu sehen, d.h. einen Informationsspezialisten, der pari passu den Stoff präsentieren (die Nutshell schreiben), indexieren (die Tupel des Proxy-Textes aufmachen) und überhaupt erst einmal das Ganze gliedern (Topic und Subtopics festlegen) kann.

Tadellose Beherrschung des Englischen wäre dabei Voraussetzung, und was die jeweiligen Präsentationsformen angeht, muttersprachliche Beherrschung und journalistische Erfahrung in jeweils einer der vier EXPO-Sprachen.

8.10 Einstellung der Parameter für die Avatare

Ein spezielles Aufgabengebiet für EXPORED wird die Einstellung der Parameter sein, wie sie für die anregende Information am EXPO-Eingang benötigt wird und die durch Avatare vermittelt werden soll. Auch muß laufend festgelegt werden, welche Themen über welche Avatare gezeigt werden sollen.

Da es sich um Persönlichkeiten des öffentlichen Lebens handelt, wird man sich darauf einrichten müssen, daß die Auswahl der Persönlichkeiten unter Umständen sehr schnellem Wandel unterworfen ist.

Sind die Persönlichkeiten gefunden und ist klar, für welche Themen sie stehen sollen, so müssen die Redakteure bei EXPORED diese Themen jeweils ad hoc nach Art einer Suchfrage im System absetzen können. Der Deskriptor-Match gibt dann an, welche Topics auf der EXPO auf das „Interesse" des Avatars reagieren. Die Verknüpfung der Topics mit dem geografischen Orientierungssystem auf dem Ausstellungsgelände macht es sogar möglich, dem Besucher das Ergebnis in Abhängigkeit von seinem gegenwärtigen Standort zu präsentieren.

9 Der Thesaurus

Herkömmliche Information-Retrieval-Systeme funktionieren auf der Basis einer Annahme, die längst nicht in allen Fällen auch tatsächlich zutrifft: Daß nämlich ein „Begriff", den man eingibt, auch das gewünschte Ergebnis bringt. Leider ist der „Begriff" im aufgefundenen Dokument oft nicht enthalten.

Was hier landläufig als „Begriff" bezeichnet wird, ist, genauer betrachtet, nur ein Wort, oder bestenfalls eine Reihe von Wörtern, die für das eigentlich Gemeinte stehen und von denen man (nur) annimmt, daß sie in den gesuchten Texten dann auch fallen müßten.

Der Bezeichner (also das Wort) wird hier unbesehen als das Bezeichnete genommen. Was gemeint ist, läßt sich aber in der Regel auf mehr als nur eine Art bezeichnen, das heißt: Mit dem Wort, das man sich gerade in den Kopf gesetzt hat, erreicht man immer nur einen Teil dessen, was in Wörtern ausgedrückt zur Sache im Datenbankbestand tatsächlich enthalten ist.

Ein anderes Phänomen, das dem Sucher immer wieder bei Online-Recherchen entgegentritt, ist das der vielen vermeintlichen „Treffer", von denen sich oft viel zu viele als nicht relevant erweisen.

Beides ist typisch für eine Qualität von Suchergebnissen, wie sie dem Besucher einer Weltausstellung nicht zugemutet werden kann; denn im ersten Falle mangelt es ihm an Durchblick und der Möglichkeit des Vergleichs, im zweiten Falle müßte er sich im Ergebnis der Recherche erst zu den wirklich relevanten Fundstellen durcharbeiten.

Überhaupt wird man nicht erwarten dürfen, daß der EXPO-Besucher sich in irgendeiner Weise über den Zusammenhang von Benennung und Begriff im Klaren ist.

Muß er das denn? Er muß es nicht. Es würde genügen, wenn er diese Bezüge leicht faßlich schon in dem System vorfindet, das ihm entgegentritt. Am besten wäre es, wenn sie ihm so präsentiert werden, daß er sie intuitiv nutzen könnte und nicht einmal zu verstehen braucht.

Ein solches begrifflich-terminologisches System wird hier vorgestellt: Es ist der EXPO-Thesaurus.

Anders als herkömmliche Information-Retrieval-Thesauri, die zumeist dem Strukturschema von DIN-1463 für mehrsprachige Thesauri entsprechen, folgt der EXPO-Thesaurus einem Strukturvorschlag, wie er im Komitee für Klassifikations- und Thesaurusforschung (KTF) der Deutschen Gesellschaft für Dokumentation (DGD)[4], Frankfurt, in den letzten Jahren erarbeitet worden ist.

Es handelt sich dabei um den Entwurf für einen lexikographischen, mehrsprachigen, maschinengängigen, nicht fachgebundenen und universal einsetzbaren Thesaurus, der nicht nur für Zwecke des Information Retrieval herangezogen werden kann, sondern im weiteren Sinne auch für andere Aufgaben der Informationslinguistik[5]. Namhafte Informationswissenschaftler, IR-Spezialisten und auch Computerlinguisten waren an der Ausarbeitung beteiligt. Der Entwurf soll in den kommenden Jahren in eine Vorlage für eine internationale Empfehlung zur Normung fortschrittlicher Thesauri münden.

Nicht alle Features, die sich in dem KTF-Entwurf finden, sind allerdings in den Vorschlag für die EXPO 2000 eingegangen, wie überhaupt sich der Entwurf seit seiner Vorstellung im Jahre 1993 in Jena beträchtlich gewandelt hat. Von den ursprünglich zehn Relationen kamen für die EXPO nur drei in Anwendung (generisch, partitiv, und geografisch-partitiv), ferner aus einem frühen Vorschlag von Rahmstorf[6] eine Nützlichkeitsrelation und eine Schädlichkeitsrelation. Gerade im Zusammenhang mit der Thematik der EXPO, die ja auf Zukunftslösungen für die Welt und auf Nachhaltigkeit dieser Lösungen hinausläuft, schien die Übernahme dieser beiden Relationen besonders geeignet[7].

Überhaupt sahen einige Mitglieder des Komitees in einer prototypischen Anwendung für die EXPO eine Möglichkeit, die erarbeiteten Vorschläge auf ihre Praxistauglichkeit hin zu überprüfen.

Den Stand der Entwicklungsarbeiten für den EXPO-Thesaurus sowie erste Erfahrungen bei seiner Erarbeitung gibt ein Bericht wieder, den der Autor im August 1998 auf einem internationalen Fachkongress der ISKO – (International Society for Knowledge Organization) in Lille[8], Frankreich, gehalten hat.

Den letzen Stand zur Diskussion um diesen Thesaurus gibt ein Aufsatz von Schmitz-Esser vom Frühjahr 1999 wieder[9].

---

[4]   Ab 3/99: Deutsche Gesellschaft für Information (DGI)
[5]   Schmitz-Esser 1994
[6]   Rahmstorf 1983
[7]   Schmitz-Esser 1999a
[8]   Schmitz-Esser 1998
[9]   Schmitz-Esser 1999b

Vereinfacht gesagt, könnte man den speziell für die EXPO erstellten Thesaurus einen „vorbedachten" Wortschatz und zugleich ein „intelligentes Lexikon" nennen. Intelligent, weil der Benutzer erfährt, inwieweit Begriffe, die er im Sinn hat, untereinander zusammenhängen, und vorbedacht insoweit, als möglichst alle dem üblichen Sprachgebrauch folgenden Ausdrucksmöglichkeiten für den Begriff in diesem Werk verzeichnet sind, und zwar gesondert für jede der vier EXPO-Sprachen.

Das macht Zutritt, und damit sinnvolle Nutzung auf zweierlei Art möglich:

- Über ein Suchwort oder eine Kette von Suchwörtern als Bestandteil von Eintragungen in einem KWIC-Register, also das Suchwort (Keyword) im Kontext, wobei die angezeigten Kontexte dann alle üblichen Arten der Ansprache des Begriffes berücksichtigen und Wert darauf gelegt werden kann, daß die Kontexte möglichst gleich auch konkrete, verständliche Themen zum Ausdruck bringen. Linguistisch gesehen handelt es sich dabei um den Zutritt von der „Oberfläche" der jeweiligen Sprache her;
- Über einen begrifflichen Zusammenhang. Der ja nur in der Gedankenwelt existierende Begriff wird durch einen verbalen Ausdruck klar und unzweideutig angesprochen (benannt) und in einem multimedialen Ambiente zusammen mit anderen Begriffen so dargestellt, daß der Benutzer, sei es analytisch-verstehend, sei es auch nur intuitiv-erlebend, auf jeden Fall aber sinnvoll, von Begriff zu Begriff springen und das Bestpassende zur Recherche auswählen kann.

Zentrales Strukturelement sind dabei die Relationen. Es gibt zwei „Klassen":

9.1 Benennungen der Klasse 1: Für Ziel- und Quellsprache individuell

Grundsätzlich werden Beziehungen betrachtet, die sich zwischen jeweils zwei Wörtern oder Wortfolgen ergeben. Teils handelt es sich um Wort-Wort-Beziehungen, teils auch um die Beziehungen zwischen Wort und Begriff.

Formal werden die Beziehungen im Thesaurus so aufgezeichnet, daß sie jeweils von beiden betrachteten Wörtern oder Wortfolgen her erkennbar sind. Jeder Eintragung entspricht also eine Gegeneintragung.

Individualsprachliches Eingehen auf Synonyme und Polyseme
(hier für das Deutsche)

Äqui-valenz	**BS** benutze Synonym _Wiederaufforstung_ **BS** _Anpflanzung von Bäumen_	**BF** Synonym benutzt für _Anpflanzung von Bäumen_ **BF** _Wiederaufforstung_	
Polysemie	**BD** benutze Deskriptor _Bank_ **BD** _Kreditinstitut_ **BD** _Sitzgelegenheit_	**BZ** benutzt für Zutrittswort _Kreditinstitut_ _Sitzgelegenheit_ **BZ** _Bank_ **BZ** _Bank_	

Das Schema beschreibt Relationen der Klasse 1. Sie umfaßt solche Benennungen, die wegen individualsprachlicher Eigenheiten in jeder der vier Sprachen getrennt zueinander in Beziehung gesetzt werden müssen. Es sind dies durchweg Synonyme und Polyseme.

Was im Deutschen „Welle" heißt, nämlich – unter anderem – „Woge" und zugleich auch „Achse", stellt sich im Französischen anders dar: Hier ist „onde" nicht synonym zu „arbre", und auch für „vague" trifft das nicht zu. „Onde" wird aber gleich wie im Deutschen auch im Sinne von „_Radiowelle_" verwendet. Für „arbre" stellt sich im Französischen ein gänzlich anderes Synonym-Problem, etwa in der Bedeutung „arbre" = „Baum".

Die Lösung sieht so aus: Unter den Wörtern gleicher Bedeutung, also den Elementen einer Äquivalenzklasse, wählt man eines aus, das für die Klasse steht, und deshalb „Vorzugswort" genannt wird. Das fungiert dann als „Deskriptor", was soviel heißt, daß alle Indexierungs- und Suchvorgänge, die die Äquivalenzklasse betreffen, allein über dieses Vorzugswort abgewickelt werden.

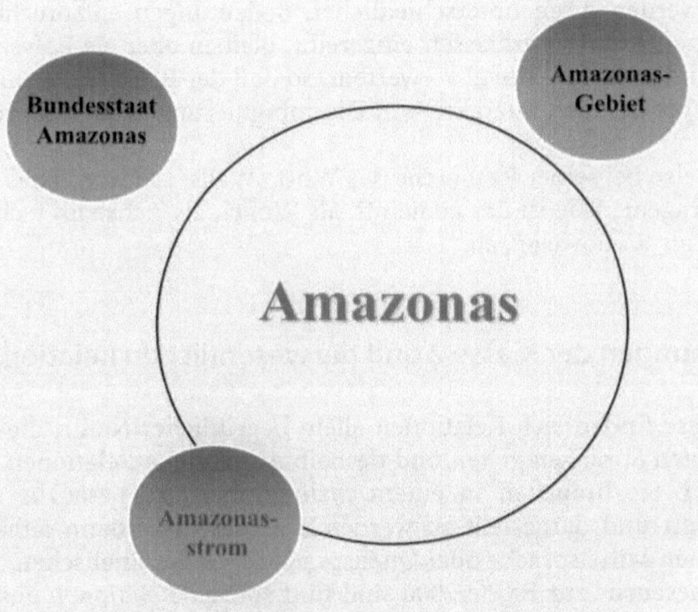

Abb. 41. Disambiguierung eines Suchworts in Interaktion mit dem Ausstellungsbesucher

Da sich dieser Deskriptor nur auf die Verhältnisse in seiner eigenen Sprache bezieht, heißt er individualsprachlicher Deskriptor, oder kurz: ILD (individual language descriptor).

Damit das Vorzugswort auch richtig funktioniert, muß es allerdings zwei Bedingungen erfüllen: Es bezeichnet erstens in der betreffenden Sprache eindeutig den gedanklichen Gegenstand, also den Begriff, und zweitens bezeichnet es zugleich nicht noch einen anderen Begriff (Ein-Eindeutigkeit), es darf also auf keinen Fall polysemisch sein.

Polyseme werden ihren unterschiedlichen Bedeutungen entsprechend in die jeweiligen Äquivalenzklassen eingereiht, bleiben aber als Polyseme erkenntlich und auch funktional verwertbar, so daß der Benutzer, wenn er ein solches Wort benutzt, interaktiv um Disambiguierung gebeten werden kann.

Benutzt er also bei seiner Recherche das Wort „Welle", so würde das System zurückfragen: „Wie ist das gemeint?, als Woge?, als Achse im technischen Sinne?, als Radiowelle?, etc."

9.2 Benennungen der Klasse 2 und die wesentlichen Relationen

In dieser Klasse finden sich Relationen allein begrifflicher Natur, die für alle angebotenen Sprachen gelten und deshalb wesentliche Relationen genannt werden. Sie brauchen in einem mehrsprachigen Thesaurus nur einmal definiert und dargestellt zu werden. Das geschieht dann anhand der sogenannten Mittelsprache oder Quellsprache, hier des Englischen.

Für den Thesaurus zur EXPO 2000 sind fünf solcher Relationen ausgewählt worden:

- generisch/abstrakt
- nützlich für
- schädlich für
- dinglich, gedanklich partitiv
- geographisch, topographisch, administrativ partitiv

Die Auswahl erfolgte, wie schon oben ausgeführt, im Hinblick auf die Thematik der Weltausstellung in Hannover, und erste Erfahrungen zeigten, daß mit ihnen eine begriffliche Vernetzung aufgebaut werden kann, die einerseits dem Gegenstand entspricht und zugleich dem Besucher ermöglicht, sich schnell, leicht und gezielt zwischen den Knoten zu bewegen.

Die Wahl dieser Relationen richtete sich also nach dem Gegenstand der Ausstellung.

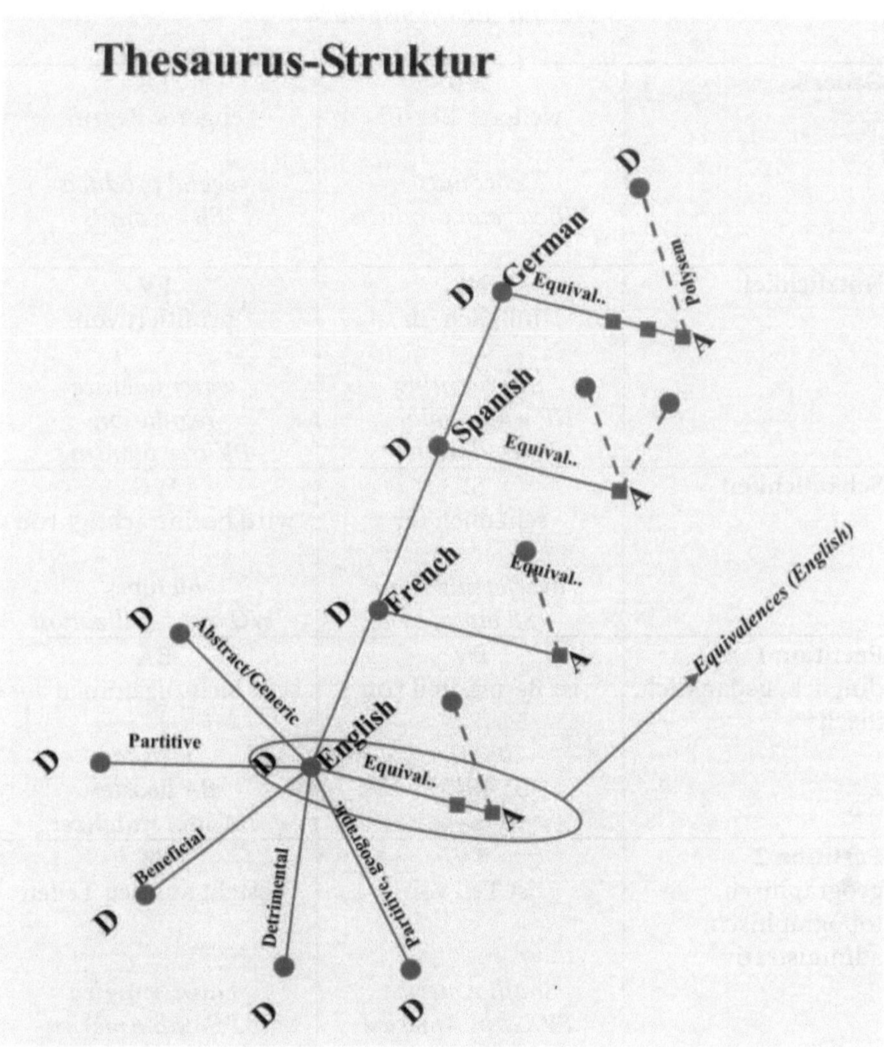

Abb. 42. Die „Spinne" – Schema der viersprachigen Thesaurus-Struktur

Nur für die Quellsprache:

Generik	**WB** weiterer Begriff *coconuts* ***WB** vegetal products*	**EB** engerer Begriff *vegetal products* ***EB** coconuts*
Nützlichkeit	**NF** nützlich für *tree planting* ***NF** water balance* *regulation*	**PV** profitiert von *water balance* *regulation* ***PV** tree planting*
Schädlichkeit	**SF** schädlich für *overfertilization* ***SF** biotopes*	**WG** wird beeinträchtigt von *biotopes* ***WG** overfertilization*
Partition 1 dinglich, gedanklich, ideell	**BV** ist Bestandteil von *booster* ***BV** missile*	**BA** setzt sich zusammen aus *missile* ***BA** booster* ***BA** spin stabilizer*
Partition 2 geographisch, topographisch, administrativ	**TV** ist Teil von *South America* ***TV** Latin America*	**BT** besteht aus den Teilen *Latin America* ***BT** South America* ***BT** Central America*

9.2.1 Generisch/abstrakt (Generik oder Abstraktionsrelation)

Generik stellt die Verhältnisse zwischen weiteren und engeren Begriffen (Oberbegriffen, Unterbegriffen) dar. Demnach ist *Tropenwald* (= EB) *Wald* (= WB); aber nicht jeder *Wald* ist ein *Tropenwald*. Es gibt auch Wälder in den gemäßigten Zonen. Genau darin liegt der eine, entscheidende Unterschied (die sogenannte *differentia specifica*). Daß beide Arten Wald *Wald sind*, sich aber voneinander unterscheiden, macht die generische Relation aus.

9.2.2 Nützlich für (Nützlichkeits- oder Benefaktivrelation)

Diese Relation läßt sich feststellen, wenn man sieht, daß Begriff A dem Begriff B nützt oder förderlich ist. Gerade im Zusammenhang mit der Weltausstellung schien diese Relation besonders willkommen; denn mit ihr würde sich eine Möglichkeit eröffnen, dem großen Publikum zu erklären, was wofür gut ist, daß z.B. ein „Radio zum Aufziehen" nützlich ist für „Kommunikation in entlegenen Gebieten", und „Schaffung von Arbeitsplätzen" gut für „wirtschaftliche Entwicklung".

Schon sehr schnell wurde bei der praktischen Anwendung dieser Relation am Stoff der Weltausstellung ein Dilemma klar: Was ist eigentlich nützlich? Sollte „Überfischung" etwa nützlich für die „Fischmehlindustrie" sein? Oder „Mohnanbau" für den „Drogenhandel"?

Die Lösung konnte nur dahin gehen, die Vorstellung von Nützlichkeit mit bestimmten gesellschaftlichen Werten zu verbinden. Aber wo würden sie sich finden lassen, und vor allem: Wo ließen sich Anhaltspunkte finden, die darüber etwas aussagen, daß diese Werte überall in der Welt in gleicher Weise als nützlich, erstrebenswert oder sonstwie positiv angesehen werden?

Solche Anhaltspunkte, und zwar sehr konkrete, und überdies mit dem Anliegen der EXPO weitgehend deckungsgleiche, fanden sich in den Ergebnissen der Umweltkonferenz der Vereinten Nationen vom Juni 1992 in Rio de Janeiro, die als *Agenda 2000* bekannt geworden ist, sowie in den Entschließungen der Folgekonferenzen. Hier wird das Thema Nachhaltigkeit in großem Stile angeschlagen und auch als für das Überleben der Menschheit nützlich sehr konkret definiert. Auf diese Agenda haben sich weit mehr als 150 Nationen verpflichtet.

9.2.3 Schädlich für (Schädlichkeitsrelation)

Auf den ersten Blick erschien die Einführung einer solchen Relation entbehrlich, weil man sich sagen konnte, daß sich Wirkungen, die schädlich sind, positiv, d.h. mit der Benefaktivrelation ausdrücken lassen, sofern man nur den Deskriptor entsprechend formuliert. Um ein Beispiel zu geben: Statt zu sagen, „Kinderarbeit" ist abträglich der „Gesundheit der Kinder", ließe sich sagen: „Verbot der Kinderarbeit" ist nützlich für die „Gesundheit der Kinder".

Doch läßt sich aus diesem Beispiel zugleich ersehen, daß man dabei an Präzision der Ansprache verliert. Dann aber stellte sich doch die Schädlichkeitsrelation in der Anwendung als überraschend handlich heraus.

Man kann damit ganze Ketten von schädlichen Effekten veranschaulichen, von „Überdüngung" zu „sterbenden Biotopen", weiter zu „Fischsterben" und „Verarmung der Artenvielfalt" oder „Umkippen von Gewässern", „Schädigung der Trinkwasserreserven" und „verminderter Freizeitwert" und „Badeverbot".

9.2.4   Dinglich, gedanklich partitiv (Partitivrelation 1)

Diese Relation setzt sich mit dem Aspekt von *teil*haftigen und *gesamt*heitlichen Beziehungen auseinander. Sie erklärt, wie sowohl physische als auch gedankliche Einheiten miteinander in Verbindung stehen.

Zur physischen *Einheit* „Automobil" gehört der *Teil* „Motorhaube", die „Motorhaube" ist *Teil* des Kraftfahrzeugs – ein Attribut dessen (unter vielen), was ein *komplettes* Auto ausmacht. Dasselbe Verhältnis besteht zwischen „Haus" und „Tür", „Weltraum" und „Stern".

Auch in gedanklichen Konstrukten kommen Teil-/Ganzes-Beziehungen vor. „Spracherkennung" etwa, oder „automatische Übersetzung", sind jeweils *Teil* des Begriffs „Computerlinguistik".

Die Grenzen zwischen beiden Arten der Partition sind häufig nicht einmal zu unterscheiden. Die „Pharmaindustrie" ist Teil der chemischen Industrie; das läßt sich gedanklich so auffassen als auch real und damit dinglich. Fassen wir sie gedanklich auf, so ist die Nähe zur Abstraktions-Relation nicht zu übersehen. Also auf dieses Beispiel angewendet: *Ist* „Pharmaindustrie" nicht etwa „chemische Industrie", und gibt es neben „Pharmaindustrie" nicht auch weitere Industriezweige, die „chemische Industrie" sind und sich durch eine *differentia specifica* voneinander unterscheiden?

Man könnte sagen, alles trifft zu. Aber dann stößt man auf ein Problem: Die generisch/abstrakte Relation läuft mit der partitiven Relation parallel, und die Struktur wird ausgesprochener und damit komplizierter als unbedingt nötig. Die Lösung ist einfach: In solchen Fällen geht die generisch/abstrakte Relation vor, denn sie wird für die allgemeinere und damit wichtigere gehalten.

In der multimedialen Darstellung des Thought Space steht die generisch/abstrakte Relation ganz vorn und wird auch als erstes vom Gedankenraumreisenden wahrgenommen. Es ist aber auch nicht zu erwarten, daß ein Benutzer durch den Gedankenraum wandert und dabei allein den so definierten Teil-/Ganzes-Beziehungen folgt.

9.2.5   Geografisch, topografisch, administrativ partitiv (Partitivrelation 2)

Mit der Einteilung der Erde in Länder, Ländergruppen und Kontinente entsprechend dieser Relation verhält es sich formal praktisch nicht anders als bei der Partitivrelation 1: Jeweils ein (kleineres) Teil ist Teil eines (größeren) Ganzen.

Eine Stadt ist Teil eines Landes, das Land Teil eines Kontinents, der Kontinent Teil der Erde: „Hamburg" ist Teil von (TV) „Deutschland", „Deutschland" TV „Europa", „Europa" TV „Erde".

Teil-/Ganzes-Beziehungen, wie sie bei administrativen Strukturen oder zwischen Objekten zu finden sind, die durch vertragliche oder rechtliche Bindungen Ganzheiten bilden, werden dem EXPO 2000-Projekt nicht extra ausgewiesen; der Einfachheit halber sollen sie zusammen mit den geographischen Beziehungen behandelt werden.

Es ist ja nicht zu erwarten, daß etwa „Bezirksamt Eimsbüttel" als Teil von „Freie und Hansestadt Hamburg" bezeichnet werden muß, und diese als Teil von „Bundesrepublik Deutschland", wo es doch im Anwendungsfall EXPO und zumeist ja in journalistischem Zusammenhang voraussehbar genügt, zu sagen: „Eimsbüttel" TV „Hamburg" TV „Deutschland".

9.3 Die Richtung der Beziehung

Damit sich der Benutzer im begrifflichen Raum bewegen kann, genügt es nicht, allein die Art der Relation, also die Art der Bewegung, definiert zu haben. Es fehlt noch eine Angabe zur Richtung.

Der Raum, in dem sich der Benutzer bei seiner Recherche bewegt, erlaubt es, den jeweils sichtbaren Ausschnitt des Strukturgeflechtes des Thesaurus mit einem Fingerzug um jeweils eine Stufe nach oben oder nach unten zu bewegen. Nie mehr als drei Ebenen werden angezeigt. Schiebt man einen Deskriptor von der untersten Ebene in die mittlere Ebene, so folgt die nächste untere Ebene nach und die oberste verschwindet.

Was dahinter sichtbar wird, ist eigentlich ein klassisches hierarchisches Konzept. Für die Darstellung der generischen/abstrakten Relationen läßt es sich ohne jede weitere Erklärung nutzen: Das allgemeinere Konzept steht jeweils oben, das speziellere unten.

Auch für die beiden Partitionen sind die Dinge eingängig: Oben steht das Ganze, unten stehen die Teile der Teile.

Für die Nützlichkeitsrelation und für die Schädlichkeitsrelation dagegen muß man dem Schema einen Sinn unterlegen: Wem was nützt oder schadet, steht immer oben; unten stehen die Verursacher.

Auch Seitenbereiche der Struktur lassen sich ins Blickfeld rücken, dies mit einem Fingerzug an beliebiger Stelle der Projektionsfläche von rechts nach links oder umgekehrt. Die äußerste Breite dieser Quasi-Baumstruktur richtet sich nach Anzahl und Art der Eintragungen, wie sie ausgehend von der jeweils obersten Stufe existieren.

Was sich rechts und links noch an weiteren Strukturen befindet, kann der Nutzer dadurch erfahren, daß er sich Objekte aus den oberen Regionen heranzieht und dann deren Extensionen nach unten betrachtet.

9.4 Substitution Relation/Begriff

Es wird verwundern, daß man hier doch offensichtlich den Versuch unternommen hat, nicht mehr als nur fünf Relationen in Betracht zu ziehen, offensichtlich doch aber in der Zuversicht, alles ausdrücken zu können, was bei der EXPO inhaltlich von Belang ist. Das immerhin würde, so wußte man, auf ein Kompendium zum allgemeinen Weltwissen im Jahre 2000 hinauslaufen.

Schon früh war aber erkannt worden, daß es möglich ist, gewissen Relationen zwischen zwei Begriffen dadurch Ausdruck zu verleihen, daß die Relation aus dem Zusammenspiel von einer der zugelassenen Relationen mit einer dann passend einzurichtenden Benennung hervorgeht. Bei dieser Einrichtung hat der Konstrukteur des Thesaurus freien Spielraum, der nicht nur das Paradigma der Sprache umfaßt, sondern auch alle syntagmatischen Möglichkeiten.

Um ein Beispiel zu geben: „Salk-Schluckimpfung" läßt sich als ein Instrument sehen im Kampf gegen „Kinderlähmung", angesprochen wäre also eine instrumentale Begriffsbeziehung, deren Kehrdefinition etwa heißen müßte: Mit welchem Instrument läßt sich „Kinderlähmung" bekämpfen? Antwort: mit der „Salk-Schluckimpfung".

Der in etwa gleiche Effekt läßt sich mit einer der hier vorgeschlagenen fünf Relationen erreichen, sofern nur die Deskriptoren entsprechend verändert werden.

„Salk-Schluckimpfung" TV „Kampf gegen die Kinderlähmung".

Wiewohl diese Aussage logisch nicht deckungsgleich ist mit der vorherigen Aussage, so deckt sie doch pragmatisch ihren Sinn ab, daß nämlich Salk-Schluckimpfungen eingesetzt werden/angesagt sind/zum Einsatz kommen sollten, wenn es darum geht, die Kinderlähmung zu bekämpfen.

9.5 Woher kommen die Termini, wie werden sie formal bestimmt?

Welche Ideen und Begrifflichkeiten in den Thesaurus Eingang finden, bestimmt sich aus den Unterlagen und Materialien, welche die Aussteller und sonstigen Teilnehmer an EXPORED schicken und die dort zur Anlage der Topics, der Redaktion der Nutshells usw. ausgewertet werden.

Insofern bezieht der Thesaurus seine Terminologie direkt aus der Aufgabe, was garantiert, daß er immer mitten im Thema steht. Formal läuft das darauf hinaus, daß vor allem die englische Terminologie den Ton angeben wird. Aber auch Material, das in den anderen offiziellen Sprachen kommt, bietet sich zur Auswertung an.

Professionelle Redakteure mit Kenntnissen in mehreren Fremdsprachen ziehen diese Deskriptoren, wann immer möglich, aus den Projektinformationen heraus. Bei der Umsetzung in die anderen Sprachen zeigt sich zumeist schon die erste Schwierigkeit: Man mag verstehen, was im Textmaterial gesagt wird, aber wie sagt man dazu in der/den anderen Sprache/n?

Das steht womöglich noch in keinem Lexikon, denn der Stoff, der auf der Weltausstellung gezeigt werden soll, ist neu. Deshalb wird man es als eine Grundvoraussetzung ansehen müssen, daß neben der eigentlichen Thesaurusarbeit einschlägige, aktuelle Fachliteratur laufend systematisch ausgewertet wird, und zwar in allen vier Sprachen.

Häufig hat man es aber mit Neologismen zu tun, in anderen Fällen aber auch mit Bezeichnungen, die nicht der Allgemeinsprache entnommen sind und eher isoliertem Sprachgebrauch folgen. Nicht selten geschieht es ja, daß sich Bezeichnungen etwa im Laufe eines Projekts so verselbständigen, daß es die Mitarbeiter gar nicht merken, wenn sie diese Ausdrücke gegenüber der Außenwelt gebrauchen.

Schlimmer noch als das nehmen sich Texte aus, die in unzureichender Qualität aus einer Nicht-EXPO-Sprache etwa ins Englische übersetzt worden sind und so auf den Tisch des Redakteurs kommen.

Schon allein deswegen ist es notwendig, mit den Lieferanten der Quellen stetigen Kontakt zu halten.

Formal weicht die Gestaltung von suchbaren begrifflichen Objekten (Deskriptoren) von den in DIN 1463 niedergelegten Regeln erheblich ab.

Wenn dort etwa steht, daß beim Numerus grundsätzlich der Einzahl der Vorzug zu geben ist, so verhält es sich hier dann umgekehrt, wenn der Vorteil eines Gruppenplurals mitgenommen werden kann.

Um dies zu erläutern: Die Erscheinung des Gruppenplurals wird unter anderem in den Registern und Systematiken des Bibliothekswesens genutzt: Über eine Pluralform wie z.B. „Tankschiffe" läßt sich ausdrücken, daß es sich um eine Gruppe von Schiffen, und genau genommen um eine Klasse von Schiffen handelt, nämlich die Klasse der Tankschiffe, auf keinen Fall aber um ein individuelles Tankschiff. Man ist mit dieser Regelung also näher an der Wirklichkeit dran.

In anderen Fällen zwingt das Paradigma der deutschen Hochsprache zur Einzahlform, wie z.B. „Niederschlag", „Dachabdeckung", „Hilfeleistung". Dann wird das so akzeptiert.

Bedacht wird darauf genommen, daß die gedanklichen Objekte (Deskriptoren) möglichst schon gleich zu einem Thema ausdifferenziert sind; Erfahrung hat gezeigt, daß sie sich dann besonders gut mit anderen solchen Themen relationieren lassen. „Kerosene exhausts" sind der „stratosphere" eindeutig abträglich, für alle Arten von „exhausts" trifft das durchaus nicht zu.

Es wird in keiner Weise darauf abgezielt, Uniterms oder andere einfache Einzelwörter syntaxlos nebeneinanderzusetzen in der Absicht, dem Benutzer zu ermöglichen, postkoordinierend (bei der Recherche) bestimmte Sinnzusammenhänge aufzuspüren.

Es wird also nicht gesetzt: „observation", „space" und „Earth", was bei der Recherche zu Fehlaufrufen führen würde, sondern es wird gleich klar gesagt: „Observation of the Earth from space", was ja zu unterscheiden ist von „observation of space from the Earth".

10 Gedankenraumreisen

10.1 Der letzte Baustein, Multimedia, ist jetzt da

Zahlreich finden sich in der wissenschaftlichen Literatur Versuche, Strukturen begrifflicher Relationen, wie sie in Thesauren niedergelegt sind, durch Visualisierung verständlicher zu machen. Nirgends allerdings ist das bisher in überzeugender Weise gelungen. Damit blieb der Gebrauch von Thesauri durchweg auf Fachleute, also Dokumentare, beschränkt, und eine Anwendung in der Breite, wie sie für die EXPO 2000 erforderlich wäre, fand nicht statt.

Mit den neuen Möglichkeiten visueller und auditiver Darstellung, wie sie nun die Informationstechnologie bietet, läßt sich das ändern. In dem Entwurf zum Informationssystem der EXPO 2000 wird versucht, die bisher weitgehend ungenutzten Potentiale von Thesauri für die Interaktion am Computer zur Geltung zu bringen und zu nutzen.

10.2 Raum der Gedanken als Raum der Sterne

Dem Besucher tritt der gedankliche Raum, in dem er sich von Begriff zu Begriff bewegen möchte, auf der Projektionsfläche als ein tiefblauer, von luftigen Wolken durchzogener Weltraum in Erscheinung; als Objekte der Aufmerksamkeit leuchten darin, Sternen gleich, die Begriffe. Die Anspielung auf großräumige, astrale Verhältnisse muß eindeutig zum Vorschein kommen, darf sich aber auch nicht zu weit von dem Eindruck entfernen, den der Erdenmensch hat, wenn er des abends die Sterne betrachtet.

Die Szene muß ihm also vertraut vorkommen, was bedeutet, daß der dargestellte Weltraum nicht einfach plan und uniton herüberkommen darf; das Bild muß einerseits räumliche Verhältnisse suggerieren, zugleich aber auch Grundorientierung insofern bieten, als in jedem Moment klar ist, wo unten ist und wo oben, wo rechts und wo links. Auch muß erkannt werden können, welches Objekt, also welcher Stern, vom Betrachter aus gesehen, näher oder ferner anzutreffen ist.

Beides läßt sich auf der ja planen Projektionsfläche durch Mittel der Färbung und der Perspektive erreichen, nicht anders als die Darstellung von Räumen im Film.

So hätte man sich den unteren Bildschirmbereich dunkler und in Schattierungen vorzustellen, die der Erde nahe sind, den oberen in einem lichteren Blau.

Die Sterne erscheinen als rundliche, hellstrahlende, beschriftete Objekte, der jeweilige Schriftzug gibt die Vorzugsbenennung für den Begriff wieder. Aber längst nicht alle Sterne, die am Bildschirm erscheinen, werden beschriftet sein, denn mehr als maximal sieben Objekte zur Wahl entschlüpfen ohnehin der Aufmerksamkeit des Navigators.

Mehrere oder sogar viele Sterne gruppieren sich zu Galaxien; was allein wichtig ist, wenn man navigiert: Daß man auf einen Blick sehen kann, „sind es viele?", „sind es nur einige wenige?". Wer wissen will, wie einzelne dieser Objekte „heißen", kann das leicht erfahren. Er braucht dann nur mit dem Finger auf das entsprechende Objekt zu tippen.

10.3 Nicht jede Galaxie strahlt gleiches Licht aus

Die einzelnen Galaxien strahlen in jeweils unterschiedlicher Färbung. Jede Farbe steht für eine bestimmte Art der Relation, so daß man sie sich leicht merken kann, wenigstens auf einer Basis der Intuition, also ohne daß man den Farbkanon bewußt und aktiv zu beherrschen braucht, und erst recht nicht Fraunhofers berühmtes Linienspektrum.

So könnte man es sich vorstellen (s. Abb. 43): Weißes Licht für die abstrakten, grünliches Licht für die nützlichen, rötliches Licht für die schädlichen Relationen, gelbliches für die partitiven, und bläuliches für die geographischen.

Jeder Stern führt mit sich eine Art Halo, jeweils hintereinander in den fünf Farben aufscheinend, genauer: in so vielen Farben wie es zu diesem Begriff im Thesaurus unterschiedliche Relationen gibt.

10.4 Und ein Element von Bewegung und Zeit

Es gibt beim Navigieren durch den Begriffsraum einen Zeitpunkt, zu dem alle Relationen, die zwischen den angezeigten Sternen existieren, schlaglichtartig aufblitzen; und es gibt auch die Möglichkeit, sich auf einen Befehl hin gezielt eine einzelne Relationsart anzeigen zu lassen. Beides würde über Linien geschehen, die die Objekte miteinander verbinden.

Die Galaxien gruppieren sich locker in einem unteren, einem mittleren und einem oberen Bereich. Die Mitte des Bildschirms bleibt immer von Galaxien unbesetzt.

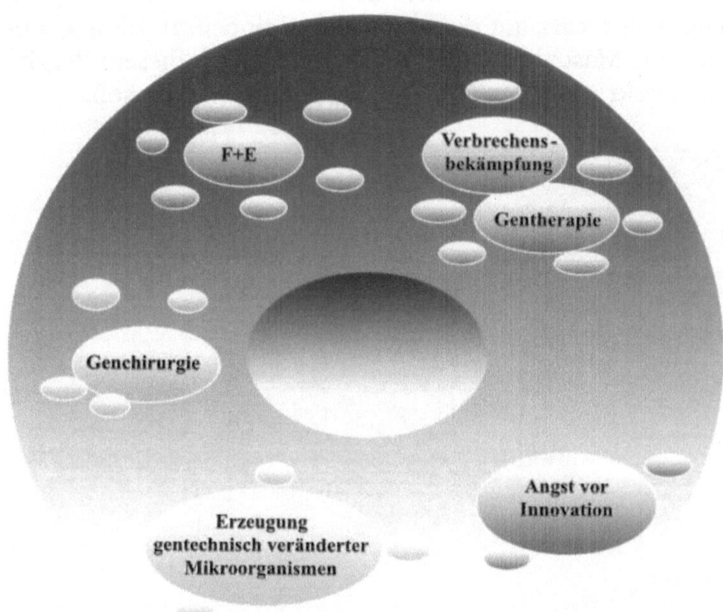

Abb. 43. Der Navigationsraum

Die Navigation geht nun so vor sich, daß der Navigator einen der Sterne, also ein Objekt seiner Wahl, mit dem Finger berührt und dieses Objekt in die Mitte des Bildschirms zieht, wobei dieses sich weiter erhellt, größer wird und, falls audio-unterstützt, auch lauter zu hören ist. Die ganze umliegende Konstellation von Sternen wandert mit, mit Ausnahme der Sterne, die wegen des Zuges über den Rand gehen, denn mehr als drei Bereiche können auf einem Schirm nicht zugleich angezeigt werden.

Nur das Zentrum des Bildschirms bleibt frei, so als wäre es ein Schwarzes Loch. Bei näherem Hinsehen entdeckt der Besucher, daß es die Sternenhaufen (Galaxien) auf drei Ebenen gibt: (1) Rechts und links neben dem Schwarzen Loch, (2) im Raum darüber und (3) in dem darunter.

Der Weg zurück zum Vorgänger und die Wiederholung müssen sowieso immer in einem solchen Dialog möglich sein.

Zieht der Navigator das Objekt wieder an seinen Platz zurück, tritt der bisherige Zustand ein, also die Ausgangsposition, und ein anderer Stern kann in das Zentrum der Aufmerksamkeit gezogen werden. Man kann aber auch ein Objekt, das in die Mitte geholt worden ist, dadurch wieder verdrängen, daß man ein anderes Objekt in die Mitte holt.

Will der Navigator wissen, was hinter dem Objekt, also dem Begriff, steckt, so braucht er nur kurz auf dieses Objekt zu tippen. In diesem Augenblick registriert die Maschine, daß eine Recherche nach diesem Begriff, der ja durch einen Deskriptor bezeichnet ist, ausgeführt werden soll.

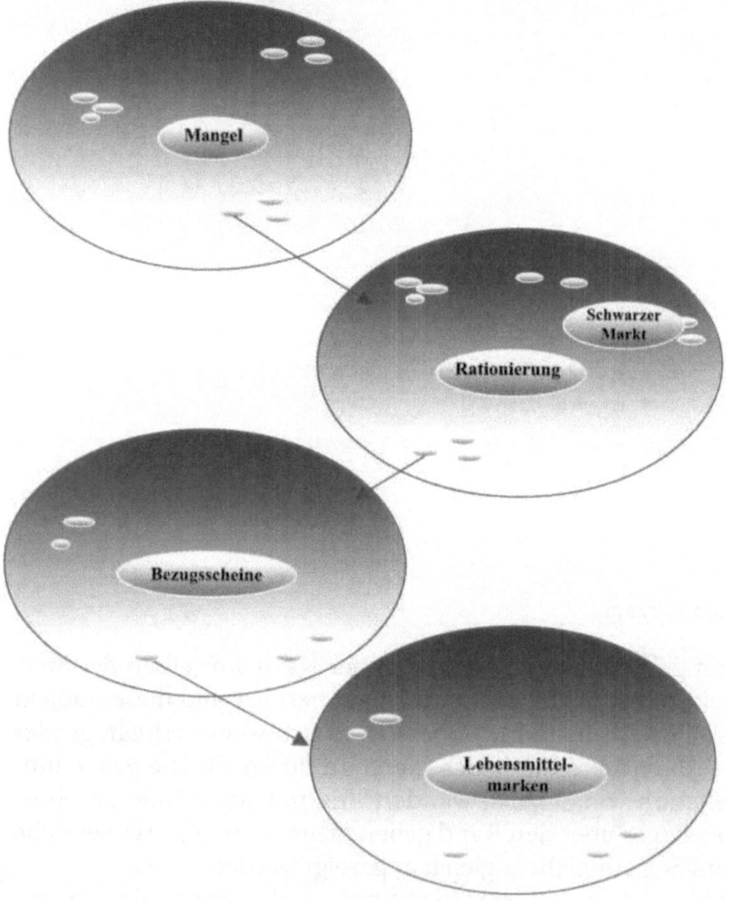

Abb. 44. Reise in die Tiefe: Beispiel einer Bewegung nach unten, von „Mangel" zu „Rationierung", von dort zu „Bezugsscheine", und von dort zu „Lebensmittelmarken".

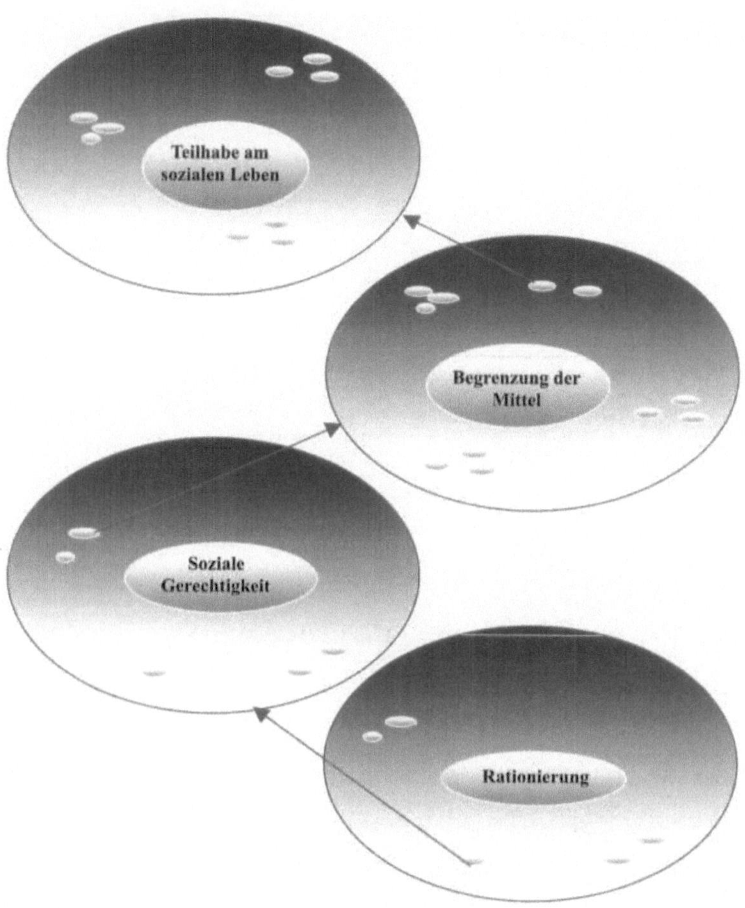

Abb. 45. Reise nach oben: Hier ist der Raumreisende zu „Rationierung" zurückgekehrt und strebt aufwärts zu „soziale Gerechtigkeit", „Begrenzung der Mittel" und „Teilhabe am sozialen Leben". Gleich an welchem Objekt er stehen bleibt: Mit einem Doppeltipp des Fingers auf dem virtuellen Projektionsschirm kann er die Suche auslösen. Dann führt das Programm im Bestand der Proxy-Texte die Recherche nach dem englischsprachigen Äquivalent dieses Deskriptors aus.

11 Und zurück in die reale Welt

11.1 Der Sprung in die Suchergebnisse

Mit dem Doppeltipp verläßt der Spieler den navigablen Bereich der Begriffe und tritt in die Welt der Suchergebnisse ein; die Recherche wird ausgelöst.

Die erste Nutshell zum Thema wird ihm gezeigt, so daß er sie unmittelbar lesen und auch ausdrucken kann. Wieviele weitere Nutshells bei der Recherche aufgefunden wurden, kann er leicht überblicken, denn diese Ergebnisse erscheinen zugleich rund um den ersten Text als vorerst noch „ungeknackte Nüsse". Wie knackt er sie? Indem er sie antippt.

Alle Ergebnisse zusammen erscheinen als eine eigene Ergebniswelt, dargestellt auch als eine Art Weltkörper und umgrenzt von einem Ring, den Monde oder Satelliten umkreisen. Innerhalb der Welt läßt sich auch ein umfänglicheres Suchergebnis immer noch kommensurabel und sogar intuitiv faßlich darstellen.

Es ist aber voraussehbar, daß es dem Benutzer nicht in allen Fällen zuzumuten ist, alle aufgefundenen Inhalte Nuß für Nuß zu knacken. Dann bieten sich außerhalb der Welt die Monde oder Satelliten an, mit denen das in der Welt zusammengefaßte Suchergebnis noch spezifischer eingegrenzt werden kann.

Aus dem Suchergebnis geht ja programmseitig hervor, welche jeweils örtlichen, zeitlichen und aspektorientierten Angaben zu den jeweiligen Tupeln der Proxy-Texte und damit der Nutshells gehören. Diese Angaben lassen sich hier sinnvoll nutzen. Nur solche Angaben kommen zum Zuge, die in den durch den Deskriptor angesprochenen Tupeln eines Proxy-Textes auch vorkommen, nicht auch Elemente aus anderen Tupeln des gleichen Proxy-Textes. Das bewirkt, daß sich bei Benutzung dieser Fazilität keine Falschaufrufe oder Zufallsaufrufe ergeben können, der Benutzer also in jedem Falle eine Antwort im gewünschten Sinne bekommt.

Wird um einen Aspekt eingegrenzt, so erscheinen als Suchergebnisse alle dann noch verbleibenden Nutshells, von denen eines ihrer Tupel im Proxy-Text diesen Aspekt trägt, wiederum dargestellt in der Form, daß zunächst einmal ein erster Text gezeigt wird und die übrigen „Nüsse geknackt" werden können.

Tippt der Nutzer auf den Satelliten „Geografie", so erscheinen in einem Seitenfenster zunächst einmal die Länder, um die es sich in dem Suchergebnis handelt, und sie können dann auswählend angetippt werden.

Anders will der Zeitstrahl bedient sein. Er kommt als eine Art Kometenschweif daher, und welche Zeitpunkte oder Zeitperioden im Suchergebnis „heiß" sind, wird durch Aufblinken angezeigt. Da muß man dann antippen. Die Orientierung vermitteln die Zeiteintragungen, die den jeweiligen Tupeleinträgen für die Proxy-Texte entnommen sind.

Jederzeit in diesem Dialog ist es natürlich dem Benutzer gestattet, auf frühere Positionen zurückzugehen. Das gilt ausdrücklich auch für den Fall, daß er in den Gedankenraum zurückkehren und dort weiternavigieren möchte. Er braucht dann nur den Satelliten „nicht sicher" anzutippen.

11.2 Lieferleiste

Jetzt ist der Besucher an dem Punkt, wo er konkret etwas geliefert bekommen will: (1) eine Nutshell etwa, ausgedruckt auf einer Karte, zugleich mit einem Lageplan, oder besser noch: Wegeplan, der seinem Point of Information Rechnung trägt. Oder (2) die Anzeige der Quellendokumente am Bildschirm, auf die sich das, was in der Nutshell gesagt wird, stützt, zugleich mit der Möglichkeit, sich einzelne dieser Dokumente sofort ausdrucken zu lassen. Oder (3) erst einmal eine Liste aller medialen Objekte, die es überhaupt dazu gibt, dies selbstverständlich auch mit der Möglichkeit, einen Ausdruck davon anzufordern.

Solcherlei Lieferungen kann der Besucher anfordern durch Antippen eines entsprechenden, sensiblen Feldes in der Lieferleiste. Sie wird am unteren Rand des Bildschirms bereitgehalten, sobald Suchergebnisse, die zur Auswahl stehen, erscheinen.

Solange der Besucher noch im Gedankenraum reist, um seinen Begriff zu finden, steht ihm diese Leiste nicht zur Verfügung. Dann braucht er sie ja auch nicht. Das Gleiche trifft zu für den Fall, daß der Besucher über die Eingabe eines Suchworts hereinkommt und mit dem KWIC-Register bedient wird. Erst nachdem der Besucher die gefundene Benennung für seinen Begriff ausgewählt, angetippt und damit die Recherche ausgelöst hat, erscheinen die Suchergebnisse mit den Nutshells wie oben dargestellt, und dann mit der Möglichkeit, mit Hilfe von Zeitstrahl und Satelliten das Ergebnis weiter zu präzisieren.

Das ist dann auch der Zeitpunkt, an dem die Lieferleiste zur Verfügung gestellt werden muß.

Auch ist in diesem Zusammenhang vorgeschlagen worden, daß dem Besucher eine „Shopping Basket Facility" angeboten werden sollte, die es ihm ermöglicht, bei einer Sitzung gleich eine Reihe von Informationen in seinem elektronischen Einkaufskorb zu sammeln.

11.3 Ausdruck einer Nutshell auf einem Kärtchen

Die weiter oben dargestellte Karte mit dem Nutshell-Text und dem Bild dazu sollte am Point of Information ausgedruckt werden können. Sie sollte ja nicht nur handlich sein und in die Hemdtasche passen, sondern zugleich auch ein Sammlerstück abgeben. Das setzt ein dickes und hochqualitatives Papier voraus und exzellenten Druck in vier Farben; dementsprechend auch Ausrüstung der Points of Information mit speziell darauf eingerichteten Druckern. Dafür sollte ein Groß-Sponsor gefunden werden.

Auf der Rückseite der Karte fände der Besucher den Wegeplan, der ihn zu dem Topic führt, von dem in der Nutshell die Rede ist.

11.3.1 Nutshell-Kärtchen als Sammlerstücke

Läßt sich die Individualisierung des Wegeplans so erreichen, daß der Weg jeweils von dem Point of Information ausgeht, an dem sich der Besucher gerade befindet, so würde sich aus solcher Individualisierung ein hochinteressantes Sammlerkriterium ergeben: So könnte der komplette Viersprachen-Satz zu einem bestimmten Thema, etwa: „Kampf gegen die Vernichtung des Regenwaldes", dann einen exzeptionellen Wert erhalten, wenn die aufgedruckten Karten belegen, daß sie alle an unterschiedlichen Points of Information erstellt worden sind.

11.4 Direktanzeige der Quellen (Instant Document Delivery)

Zu den einzelnen Topics werden EXPORED unterschiedlichste Quellen vorgelegen haben, und auch darüber, welche Quellen welchen Topics zuzuordnen sind, hat die Redaktion dann nachgedacht. Was liegt näher, zumindest denjenigen Teil dieser Quellen dem Besucher, oder überhaupt allen Benutzern des Systems (also auch Internet-Nutzern und der Presse), unmittelbar auf ihre Anfrage hin zur Verfügung zu stellen, der sich im Faksimile an den Bildschirmen des Systems anzeigen läßt?

Die Qualität der Wiedergabe müßte auf den jeweiligen Nutzertyp abgestimmt sein, auch aus urheberrechtlichen Gründen: (1) einwandfreie Lesbarkeit und Möglichkeit des Ausdrucks auf Papier, s/w binär 200 dpi (Fax-Qualität) für Besucher und Internet-Searcher, und (2) 300 dpi und möglichst auch Farbe für Wiederverwerter – dies geknüpft an Sicherheitsvorkehrungen zur Einhaltung des Copyrights (z.B. elektronische Wasserzeichen).

In welchen Sprachen diese Quellen vorliegen, dafür gibt es keine Beschränkungen; für originäre Dokumente wünscht man sich ohne Einwilligung der Autoren auch keine Übersetzung, und technisch spielt die Art der Sprache keine Rolle, denn die Darstellungsform ist nicht zeichen- sondern pixo-basiert. Sie hat auch den Vorteil, daß jede Art von Grafik, sofern sie sich s/w binär darstellen läßt, mit angezeigt werden kann.

11.5 Liste der medialen Objekte zum Topic („Mediografie")

Drittens kann der Benutzer, wenn er eine Taste oder ein Feld in der Lieferleiste drückt, sich am Bildschirm eine Auflistung aller Quellen und Medien anzeigen lassen, die zum Topic gehören. Das werden dann nicht nur Quellen sein, die auf dem Papier existieren und deshalb im Faksimile direkt angezeigt werden können, sondern auch Fotos, Filme, Videos, Tondokumente, CDs usw., die hier summarisch Multimedia-Quellen genannt werden sollen. Bibliothekare würden in diesem Zusammenhang von einer Bibliografie sprechen, mit dem Unterschied allerdings, daß sich diese Bibliografie nun auf alle möglichen Medien bezieht, in denen die Quellen zur Weltausstellung vorkommen. Deshalb soll hier von „Mediografie" gesprochen werden.

Wie hätte solch eine Mediografie auszusehen?

Da es sich um einen zusätzlichen Service handelt, und auch wegen der immanenten Vielsprachigkeit der zu erwartenden Quellen, wäre angezeigt, ihn nur in einer Sprache, nämlich dem Englischen, zu bieten, und nicht etwa, wie die Nutshells, parallel in allen vier offiziellen EXPO-Sprachen.

Sodann die Aufmachung: *Wie* wäre nachzuweisen? Da es für die englischsprachige Welt etablierte Standards nur in (zumeist herkömmlichen) medialen Teilbereichen gibt und in einigen weiteren bestenfalls Ansätze dazu, und weil ein völlig neuer Angang wegen des abzusehenden Aufwands auszuschließen war, lautete der Vorschlag auf einen Kompromiß und Nutzung dessen, was ohnehin an Angaben von Seiten der Aussteller zu erwarten war. Auf Einzelheiten braucht hier nicht eingegangen zu werden.

11.6 Archiv multimedialer Objekte

Gesagt sei nur noch: Vorgeschlagen ist, daß diejenigen der nachgewiesenen Objekte, die der EXPO zur Auswertung zur Verfügung gestellt werden, in einem Archiv multimedialer Objekte zur medialen Nutzung bereitgehalten werden. Hierhin würden sich also Journalisten, Buchautoren und andere Weiterverbreiter wenden, wenn sie etwa aus den nachgewiesenen Materialien ein bestimmtes Tonband, einen Film, eine CD etc. haben wollen. Dieses Archiv müßte dann nach Art einer Agentur zugleich als Clearingstelle für die Rechte an den nachgewiesenen Werken fungieren.

Und da sich dieses, dann sicherlich noch immer weitgehend physische, und nur seinem Nachweis nach elektronisch geführte Archiv in erster Linie an die Medienmacher wendet, sollte es naheliegen, diese Einrichtung auf der EXPO auch örtlich in der Nähe der Pressestelle anzusiedeln.

11.7 Kein Informationssystem speziell für die Presse

Das Archiv der multimedialen Objekte stellte dann gewissermaßen ein Subsystem dar, und auch das einzige, das speziell für die Medienleute auf der EXPO eingerichtet werden müßte. Der Such- und Findekomfort des hier vorgeschlagenen Besucherinformationssystems ist so außergewöhnlich, daß auf die Anlage eines speziellen Informationssystems für die Presse verzichtet werden kann.

Das steht nicht der Möglichkeit im Wege, der Presse bestimmte Materialien vorzubehalten, sei es hinsichtlich des Freigabetermins, sei es hinsichtlich der Inhalte. Der Vorteil solcher Vorkehrung liegt auf der Hand: Alles, was die Presse bekommt, findet sie formal, inhaltlich und medial in homogener und damit verläßlicher und vergleichbarer Weise aufbereitet vor. An Tagesaktuellem entgeht ihr auch nichts.

Die Nutshells zu einem Topic-Komplex sind so aufgemacht, daß durch Neukombination der Aussagen neue Texte im Handumdrehen erzeugt werden können. Für den geübten Redakteur bedarf es dann nur geringer, individueller Zusätze, und im übrigen kann er streichen. Hinsichtlich der Rechte an den Nutshells ist er frei, so daß er sie auf seine eigene Maschine herunterladen kann. Alle gängigen Editionshilfen werden ihm ja dort ohnehin zur Verfügung stehen.

Hierzu das folgende Beispiel. Ausgangsbasis ist ein dreiteiliger Nutshell-Satz. Thema ist die Rekonstruktion historischer Tonaufnahmen mit Hilfe der Lasertechnik. Zwei neue Kurztexte werden daraus gemacht.

Wie sich aus drei „Nutshell-Texten" (Abb. 46–48) neue Textvarianten entwickeln lassen, sieht man in Abb. 49 und 50.

<u>Edison 1/3 D</u>

Laser weckt Musik der Völker

Musik aus Asien, Afrika und Amerika, für Edison Phonographen aufgenommen zwischen 1893 und 1943, wird mit Lasertechnik wieder hörbar gemacht. Berliner Wissenschaftler vermessen 14.000 kupferne Hohlformen von Edison-Walzen und erwecken deren Tonspuren zum Leben. Die einzigartige völkerkundliche Sammlung stammt aus dem Berliner Phonogramm-Archiv und hat Krieg und Nachkriegszeit überstanden.

Abb. 46. Ausgangstext „Edison 1/3 D"

<u>Edison 2/3 D</u>

Töne aus Licht und Schatten

Wie lassen sich historische Musikkonserven wieder hörbar machen, wenn das Verfahren zur Herstellung der Tonträger verlorengegangen ist? Für eine Sammlung von Gußmodellen für Walzen des Edison-Phonographen fanden Berliner Forscher die Lösung: Die Innenseite der Walzenvorlage mit dem Tonspur-Negativ wird mit dem Laserstrahl abgetastet. Licht und Schatten des dabei entstehenden Bildes wandelt ein Rechner in Tonsignale um und verbessert sogar noch ihre Qualität.

Abb. 47. Ausgangstext „Edison 2/3 D"

<u>Edison 3/3 D</u>

Wie Edison die Töne festhielt

Er wollte eine billigere Alternative zum Telefon entwickeln und erfand den Vorläufer der Schallplatte: 1877 führte der Amerikaner Thomas A. Edison (1847-1931) erstmals seinen Phonographen vor, der Sprache oder Musik aufzeichnen und wiedergeben konnte. In der Folgezeit perfektioniert, bestand der Apparat aus einem mit Wachs beschichteten und per Federantrieb schraubenartig gedrehten Zylinder. Eine Membran nahm die Schwingungen der Schallwellen auf und übertrug sie auf eine Nadel, die die Tonspur in das Wachs gravierte. Die so aufgezeichneten Wellenlinien ließen beim Abspielen des Zylinders wiederum Nadel und Membran vibrieren, und ein Lautsprechertrichter machte die Töne wieder hörbar.

Abb. 48. Ausgangstext „Edison 3/3 D"

Laser sichert zweites Überleben

Den Krieg haben sie überlebt, nicht aber den Wandel der Technik: Phono-
~~Edison 1/3 D~~ *Aufzeichnungen mit [1]. Und hier auch nicht die Ton-*
träger selbst, sondern nur ihre Gußformen. Sie
~~Laser weckt Musik der Völker~~   *werden [2]*

1 [Musik aus Asien, Afrika und Amerika, für Edison Phonographen aufgenommen
zwischen 1893 und 1943] ~~wird~~ mit Lasertechnik wieder hörbar gemacht.
Berliner Wissenschaftler vermessen 14.000 kupferne Hohlformen von Edison-
Walzen und erwecken deren Tonspuren zum Leben. Die einzigartige
völkerkundliche Sammlung stammt aus dem Berliner Phonogramm-Archiv und
hat Krieg und Nachkriegszeit überstanden.] *Die [3]*

~~Edison 2/3 D~~

~~Töne aus Licht und Schatten~~

~~Wie lassen sich historische Musikkonserven wieder hörbar machen, wenn das~~
~~Verfahren zur Herstellung der Tonträger verlorengegangen ist? Für eine~~
~~Sammlung von Gußmodellen für Walzen des Edison-Phonographen fanden~~
~~Berliner Forscher die~~ [Lösung: Die Innenseite der Walzenvorlage mit dem
Tonspur-Negativ wird mit dem Laserstrahl abgetastet. Licht und Schatten des
dabei entstehenden Bildes wandelt ein Rechner in Tonsignale um und verbessert
sogar noch ihre Qualität]. *Edisons [4]*

~~Edison 3/3 D~~

~~Wie Edison die Töne festhielt~~

~~Er wollte eine billigere Alternative zum Telefon entwickeln und erfand den~~
~~Vorläufer der Schallplatte: 1877 führte der Amerikaner Thomas A. Edison~~
~~(1847-1931) erstmals seinen Phonographen vor, der Sprache oder Musik~~
~~aufzeichnen und wiedergeben konnte. In der Folgezeit perfektioniert, bestand~~
der [Apparat aus einem mit Wachs beschichteten und per Federantrieb   *Überstand*
schraubenartig gedrehten Zylinder. Eine Membran nahm die Schwingungen der
Schallwellen auf und übertrug sie auf eine Nadel, die die Tonspur in das Wachs
gravierte. Die so aufgezeichneten Wellenlinien ließen beim Abspielen des
Zylinders wiederum Nadel und Membran vibrieren, und ein Lautsprechertrichter
machte die Töne erneut hörbar.]

Abb. 49. Text 1 (neu) aus Versatzstücken des Nutshell-Dreiersatzes

Töne der Völker wieder hörbar

~~Edison 1/3 D~~

~~Laser weckt Musik der Völker~~

Musik aus Asien, Afrika und Amerika, für Edison Phonographen aufgenommen zwischen 1893 und 1943, wird mit Lasertechnik wieder hörbar gemacht. ~~Berliner Wissenschaftler vermessen~~ 14.000 ~~kupferne Hohlformen von Edison-Walzen und erwecken deren Tonspuren zum Leben. Die einzigartige völkerkundliche Sammlung stammt~~ aus dem Berliner Phonogramm-Archiv und hat Krieg und Nachkriegszeit überstanden.

~~Edison 2/3 D~~

~~Töne aus Licht und Schatten~~

~~Wie lassen sich historische Musikkonserven wieder hörbar machen, wenn das Verfahren zur Herstellung der Tonträger verlorengegangen ist?~~ Für eine Sammlung von Gußmodellen für Walzen des Edison-Phonographen fanden Berliner Forscher die Lösung: Die Innenseite der Walzenvorlage mit dem Tonspur-Negativ wird mit dem Laserstrahl abgetastet. Licht und Schatten des dabei entstehenden Bildes wandelt ein Rechner in Tonsignale um und verbessert sogar noch ihre Qualität.

Der Phonograph des [1] arbeitete mit [2]. Er gilt als [3] und wurde erstmals vorgeführt.

~~Edison 3/3 D~~

~~Wie Edison die Töne festhielt~~

~~Er wollte eine billigere Alternative zum Telefon entwickeln und erfand den~~ Vorläufer der Schallplatte. 1877 führte der Amerikaner Thomas A. Edison (1847-1931) ~~erstmals seinen Phonographen vor, der Sprache oder Musik aufzeichnen und wiedergeben konnte. In der Folgezeit perfektioniert, bestand~~ der Apparat aus einem mit Wachs beschichteten und per Federantrieb schraubenartig gedrehten Zylinder. ~~Eine Membran nahm die Schwingungen der Schallwellen auf und übertrug sie auf eine Nadel, die die Tonspur in das Wachs gravierte. Die so aufgezeichneten Wellenlinien ließen beim Abspielen des Zylinders wiederum Nadel und Membran vibrieren, und ein Lautsprechertrichter machte die Töne erneut hörbar.~~

Abb. 50. Text 2 (neu) aus Versatzstücken des Nutshell-Dreiersatzes

Und so (Abb. 51 und 52) lauten die zwei produzierten Texte:

<u>**Laser sichert zweites Überleben**</u>

Den Krieg haben sie überlebt, nicht aber den Wandel der Technik: Phono-Aufzeichnungen mit Musik aus Asien, Afrika und Amerika, für Edison-Phonographen aufgenommen zwischen 1893 und 1943. Und hier auch nicht die Tonträger selbst, sondern nur ihre Gußformen.

Sie werden mit Lasertechnik wieder hörbar gemacht. Berliner Wissenschaftler vermessen 14.000 kupferne Hohlformen von Edison-Walzen und erwecken Tonspuren zum Leben. Die einzigartige völkerkundliche Sammlung stammt aus dem Berliner Phonogramm-Archiv und hat Krieg und Nachkriegszeit überstanden.

Die Lösung: Die Innenseite der Walzenvorlage mit dem Tonspur-Negativ wird mit dem Laserstrahl abgetastet. Licht und Schatten des dabei entstehenden Bildes wandelt ein Rechner in Tonsignale um und verbessert sogar noch ihre Qualität.

Edisons Apparat bestand aus einem mit Wachs beschichteten und per Federantrieb schraubenartig gedrehten Zylinder. Eine Membran nahm die Schwingungen der Schallwellen auf und übertrug sie auf eine Nadel, die die Tonspur in das Wachs gravierte. Die so aufgezeichneten Wellenlinien ließen beim Abspielen des Zylinders wiederum Nadel und Membran vibrieren, und ein Lautsprechertrichter machte die Töne wieder hörbar.

Abb. 51. Text 1 (neu), Endergebnis

<u>Töne der Völker wieder hörbar gemacht</u>

Musik aus Asien, Afrika und Amerika, für Edison-Phonographen aufgenommen zwischen 1893 und 1943, wird mit Lasertechnik wieder hörbar gemacht.

Für eine Sammlung von 14.000 Gußmodellen für Walzen des Edison-Phonographen aus dem Berliner Phonogramm-Archiv fanden Berliner Forscher die Lösung: Die Innenseite der Walzenvorlage mit dem Tonspur-Negativ wird mit dem Laserstrahl abgetastet. Licht und Schatten des dabei entstehenden Bildes wandelt ein Rechner in Tonsignale um und verbessert sogar noch ihre Qualität.

Der Phonograph des Amerikaners Thomas A. Edison (1847–1931) arbeitete mit einem mit Wachs beschichteten und per Federantrieb schraubenartig gedrehten Zylinder. Er gilt als Vorläufer der Schallplatte und wurde 1877 erstmals vorgeführt.

Abb. 52. Text 2 (neu), Endergebnis

12 Weitergehende Produkte

Der hier dargestellte Vorschlag eines Informationssystems für die EXPO hat noch eine andere, nicht weniger attraktive Seite. Alle weiteren, bei solchen Anlässen sonst noch nötigen Spezialsysteme kann man sich sparen.

Denn ist erst einmal, wie vorgesehen, alle in der Ausstellung öffentlichkeitsrelevante Information auf den kleinsten, speziellsten und allgemein verständlichen Nenner heruntergebrochen (das ist der Fall mit den Nutshells), und ist man auch in der Lage, diese Botschaften ebenso speziell, aber auch allgemeiner fragend, aufzufinden (Thesaurus in Verbindung mit den Proxy-Texten), so steht für ziemlich alle denkbaren Fälle – zumindest des sogenannten „deklarativen" Wissens – eine sehr große Menge von Aussagen zur Verfügung, die über die Besucher-Information hinaus für vielfältige weitere Zwecke verwendet werden kann, und zwar in nahezu beliebiger Weise und auf unterschiedlichem Niveau der Abstraktion. Es ist das Wissen in der Kapsel.

Der Kurzführer für die EXPO wie auch der Katalog, beides sogenannte Pflichtpublikationen einer Weltausstellung nach Vorgabe des B.I.E. (Bureau International des Expositions, Paris), lassen sich dann fast automatisch zusammenstellen, bei geringstem redaktionellen Zusatzaufwand, einschließlich der Illustrationen. Tatsachenänderungen fließen automatisch in den Nutshell-Pool ein und damit auch in eventuelle Nachdrucke.

Ein Gleiches gilt für Prospekte, Faltblätter und Lagepläne, aber auch für Bücher und Filme über das auf der EXPO Gezeigte. Mit den Aspekten, die in den Tupeln der Proxy-Texte verzeichnet sind, können Journalisten gezielt ihren Fragen nachgehen, denn hinter jedem Aspekt steht eine journalistisch interessante Frage. Als Thema interpretiert, etwa für eine Fachschrift, ergeben sich Titel wie: „Unsere Welt heute" (result), „Wie funktioniert das?" (technical), „Wo müssen wir hin?" (impact desired), „Visionen für die Welt von morgen" (vision) etc. Durchgehend elektronisches Recherchieren über das ganze bei der EXPO dargestellte Wissen nach allen solchen Aspekten ist möglich.

Der Rücklauf aus dem Akquisitionstool wird von den Ausstellern und anderen Teilnehmern außerdem spezielles Material hervorgebracht haben, das in dieser Form bisher noch nicht vorlag und auch schwerlich anders zustande zu bringen wäre, also Themen wie z.B. „Wie frühstücken die Nationen?", „Womit spielen die Kinder auf den fünf Kontinenten?", etc., alles recherchierbar, einzeln und in Kombination miteinander, als Text, Handlungsanleitung (z.B. Rezept), Bild, Film, Audiotrack etc.

Wissenschaftler erhalten Originaldokumente und/oder Anregungen über Quellenverweise, Medienmacher Bild- und Tonträger. In jede aktuelle Information, die an die Presse geht, lassen sich Text, Bild, Audio- und Videosequenzen sofort und praktisch „auf Knopfdruck" nach Thema und Namen einblenden.

Der Internet-Auftritt, auch er in den vier offiziellen EXPO-Sprachen, würde sich weitgehend von diesen Fazilitäten ableiten und könnte um einen Quantensprung besser gestaltet sein als Internet-Auftritte vorangegangener Weltausstellungen.

Was alles sich aus einem solchen System, das auf gekapseltem Wissen beruht, machen läßt, zeigt Abb. 53.

Gewissermaßen spiegelbildlich hierzu präsentiert Abb. 54 zusammen noch einmal alle Aktivitäten, die auf Seiten der EXPO für ein solches Angebot gekapselter Information vorgehalten werden müssen.

Gewiß, der dabei nötige Aufwand ist hoch.

Dagegen aber steht der enorme Gewinn an Rationalität im Umgang mit der Information, an Qualität der Aussage und an Kompetenz auf Seiten der Veranstalter. All das wird durch solch ein System erstmals möglich. Das zugrundeliegende terminologisch-begriffliche System ließe sich an vielen anderen Stellen und zu vielerlei Zwecken weiter verwenden und weiter ausbauen. Man könnte es also nach Abschluß der EXPO verkaufen. Hinzu kommen substanzielle Einsparungen durch den Wegfall einer Reihe spezieller Systeme, die sonst bei Weltausstellungen auf die Beine gestellt werden müßten, z.B. speziell für die Presse.

Man kann nur wünschen, daß die Veranstalter reichlich von diesem Potential schöpfen.

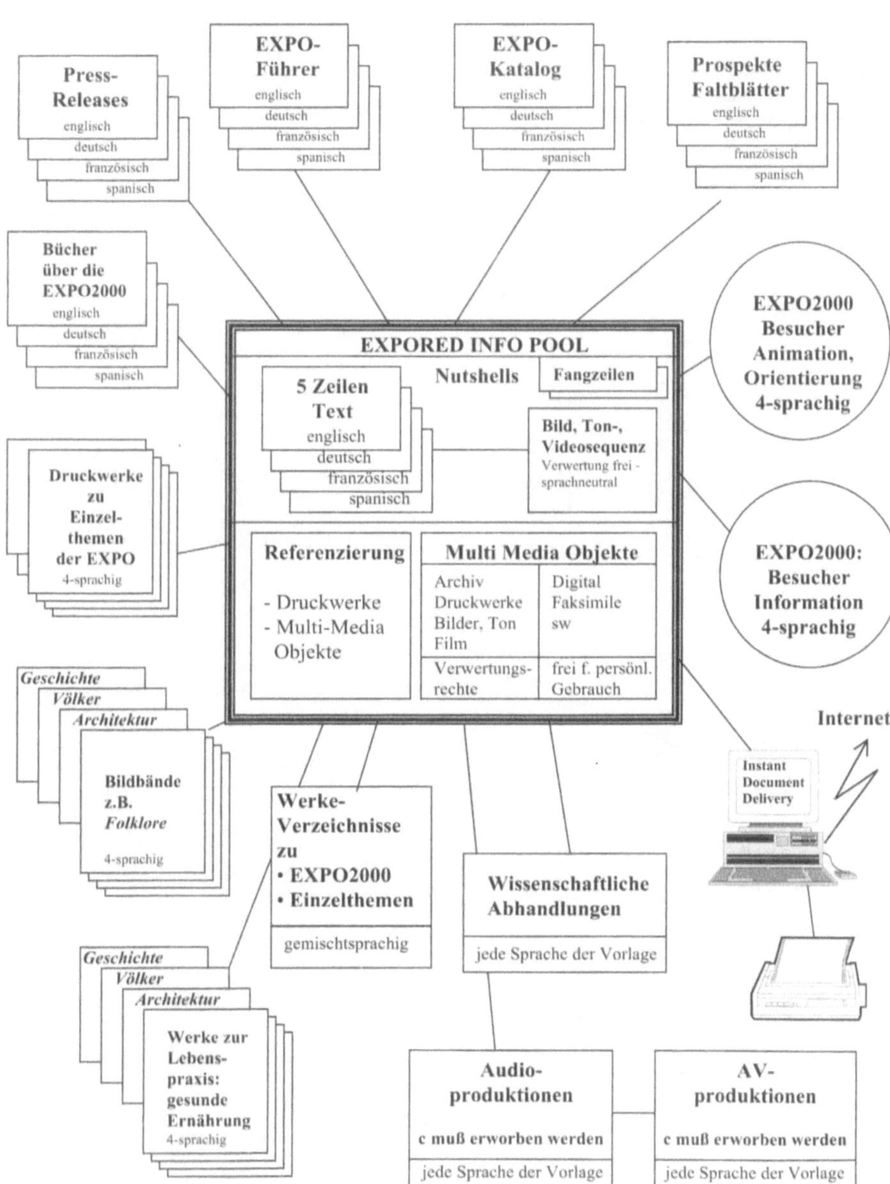

Abb. 53. Was sich aus gekapselter Information machen läßt

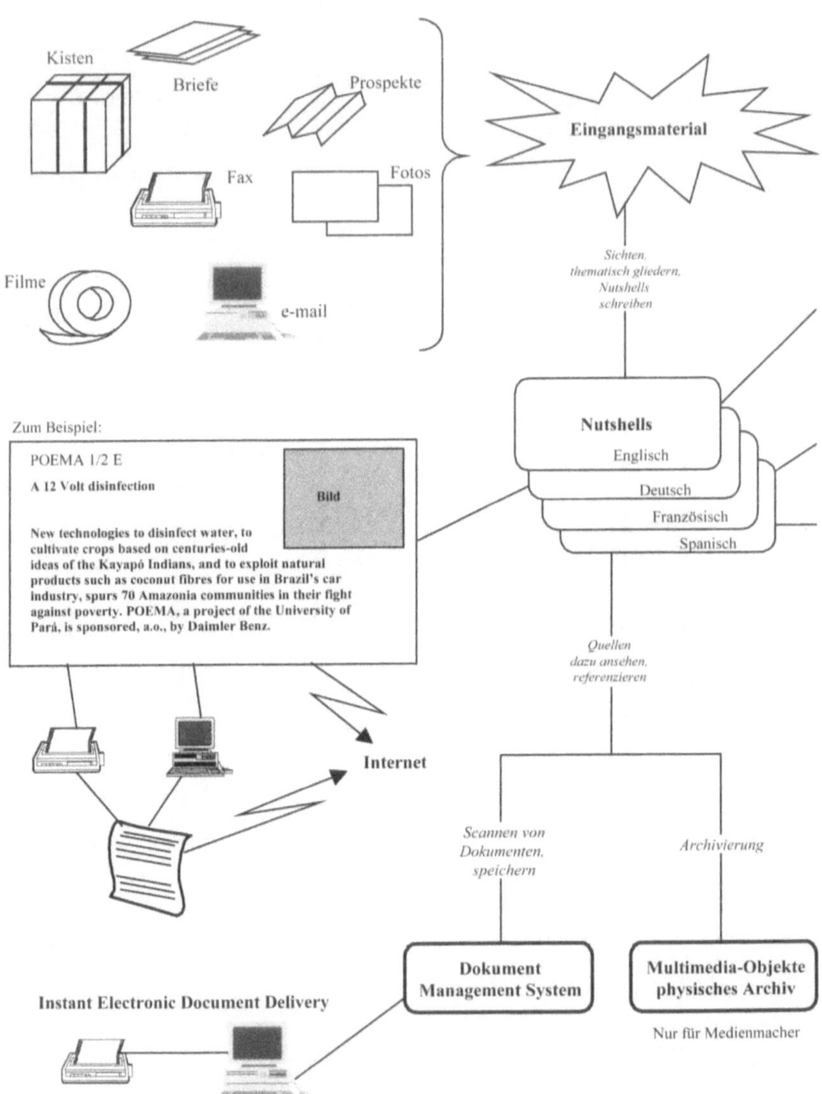

Abb. 54. Der Schwerpunkt des Aufwands liegt bei Vor- und Aufbereitung der Inhalte.

Was getan werden muß

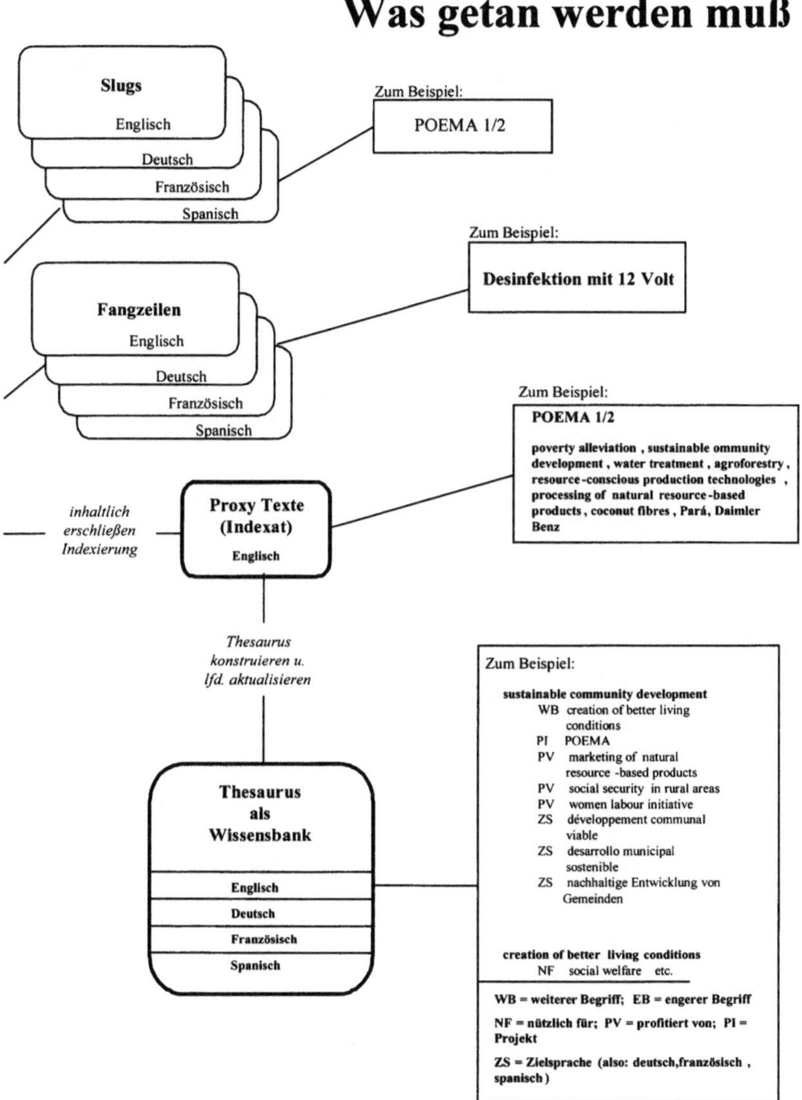

13 Das EXPO-Infosystem auf einen Blick

So präsentiert sich das von führenden Experten der Welt für die EXPO 2000 erarbeitete Informationssystem mit den folgenden Eigenschaften und Möglichkeiten:

- In seiner Funktion als viersprachiges Informationssystem für den Besucher auf dem Ausstellungsgelände

  - regt das System den Besucher an und führt ihn konkret und direkt zu Sehenswürdigkeiten hin, die ihn interessieren und die er auch von seinem jeweiligen Standpunkt am Point of Information aus mit abschätzbarem Aufwand erreichen kann. Ihm wird nicht zugemutet, sich zu erklären, wofür er sich interessiert; die Hinlenkung zum Objekt geschieht vielmehr über stundenaktuell gehaltene Avatare, die bekannten Persönlichkeiten entliehen sind.
  - Wer ein bestimmtes Objekt seines Interesses benennen kann, gibt ein Suchwort oder auch nur die Fraktion eines Suchwortes ein und gelangt unmittelbar über den sprachlichen Ausdruck an sein Thema. Für jedermann leicht verständliche Nußschalentexte (Nutshells) mit Bild und Ton sagen ihm, was er wo zu seinem Thema sehen kann.
  - Auch für den, der sich noch nicht ganz darüber im Klaren ist, worauf er hinaus will, ist vorgesorgt: Die Gedankenraumreise öffnet ihm die begriffliche Welt der EXPO und verschafft ihm thematisch-gedanklichen Überblick. Auch diese Reise führt ihn von jedem entdeckten Objekt aus mit einem doppelten Fingertipp zum Nußschalentext und damit zur Ortung des Objekts auf der Ausstellung.
  - Zu jedem Nutshell-Text gibt es zusätzlich ein Verzeichnis der erreichbaren multimedialen Quellen. Sofern sich die Quelle selbst technisch für die Anzeige am Projektionstisch eignet, läßt sich die Quelle dort einsehen und für den privaten Zweck sogar ausdrukken.

– Für den Ausstellungsveranstalter bietet das System den Vorteil,
  daß er die Besucherströme jederzeit auflockern und sogar in ge-
  wissem Umfang moderieren und lenken kann.

• Als Informationssystem im Netz und zur Präsentation im Vorfeld der
  Ausstellung

  – stehen die oben genannten Funktionen mit Ausnahme der letztge-
    nannten ebenfalls nach Wahl des Veranstalters zur Verfügung; sie
    werden nur in ihrer praktischen Nutzung auf die bekannten Gren-
    zen stoßen, die in der Ausstattung mit Endgeräten und den be-
    nutzten Netzwerken und Kommunikationssystemen liegen.

• Im Einsatz als Presseinformationssystem werden alle einschlägigen
  Funktionen abgedeckt:

  – für Zugriff und rechtmäßige Vergabe von Text-, Ton-, Bild- und
    Videoaufzeichnungen, die publizistisch weiterverwendet werden
    sollen. Alle diese Quellen liegen weitgehend in digitalen Formaten
    vor. Nur dort, wo digitale Formate ein Übermaß an Speicherplatz
    in Anspruch nehmen würden, muß auf die herkömmlichen, ana-
    logen Formen wie z.B. Film zurückgegriffen werden. Aber auch
    diese medialen Einheiten finden sich für schnellen Zugriff und
    Kopie organisiert.
  – Die redaktionelle und gestalterische Arbeit mit dem Stoff der
    EXPO wird erleichtert, weil alles Material inhaltlich nach Kriterien
    aufgearbeitet ist, die für den Journalisten und Medienmacher von
    besonderem Interesse sind.

• Mehrsprachige Kataloge und Kurzführer, die der Weltausstellung international zur Pflicht gemacht und als Mindeststandard vorausgesetzt
  werden, können aus dem System heraus mit denkbar geringem Zusatzaufwand, und auch jederzeit hochaktuell, zusammengestellt, ediert
  und druckreif gemacht werden.
  Überhaupt wird jede Art medialer Zweitverwertung des gesamten
  EXPO-Stoffs mit dem Informationssystem in bisher nicht gekannter
  Weise unterstützt:

  – für Reportagen, Hintergründe, Kommentare und Themenbücher,
  – für Literaturzusammenstellungen und Quellensammlungen zu den
    einzelnen Themen, diese in allen vorkommenden Sprachen,

– für Bildbände, Filme und Videoproduktionen – für all dies finden
   sich Texte und Bilder gezielt zugriffsbereit und für die journalistische Weiterverwendung professionell vorbereitet.

Von einem planerischen Standpunkt aus betrachtet, fordert das hier be-
schriebene Informationssystem regelrecht dazu heraus, auf linear konzi-
pierte Durchgänge auf der Ausstellung weitgehend zu verzichten, also auf
solche Präsentationen, die als Erlebnisschauen dem Besucher keine andere
Wahl lassen, als sich in eine Schlange von Menschen einzureihen.

Stehen nur genügend Points of Information zur Verfügung, so ließe sich
der Besuch auf der EXPO 2000 mit Hilfe des vorgeschlagenen elektronischen Systems ungleich sinnvoller und erlebnisreicher gestalten, als dies
unter Inkaufnahme von Warteschlangen möglich ist. „Doch hart im Rau-
me stoßen sich die Sachen", sagt schon Goethe. Der noch so gut ausgear-
beitete, virtuelle Hinweis auf ein Objekt ist wertlos, wenn man das Objekt
nicht ganz konkret erreichen kann – es sei denn, man stellt sich in der
Schlange an.

Literaturverzeichnis

Benking, H. 1996. *Concept and context mapping – towards common frames of reference.* In TKE '96, Terminology and Knowledge Engineering, Frankfurt am Main: Indeks, pp. 35–47

Blair, D. C. 1990. *Language and Representation in Information Retrieval.* Amsterdam: Elsevier

Brooks, T. A. 1993. *All the right descriptors: A test of the strategy of unlimited aliasing.* Journal of the American Society for Information Science 44(3), pp. 137–147

Damer, B. 1998. *Avatars!* Peachpit Press, Berkeley

Ellis, D. 1996. *Progress and Problems in Information Retrieval.* London: Library Association Publishing

Endres-Niggemeyer, B. 1990. *A procedural model of abstraction and some ideas for its implementation.* In TKE '90, Terminology and Knowledge Engineering, Vol. 1, Frankfurt am Main: Indeks, pp. 230–243

Fischer, D. H. 1998. *From Thesauri towards Ontologies?* In Mustafa El-Hadi et al. 1998, pp. 18–30

Fuchs, C. 1997. *Diversité des représentations linguistiques: Quels enjeux pour la cognition?* In C. Fuchs, S. Robert (eds.), *Diversité des langues et représentations cognitives.* Paris: Ophrys, pp. 5–24

Garfield, E. 1979. *Citation Indexing: Its Theory and Application in Science, Technology and Humanities.* New York: Wiley & Sons

Gibbon, D. 1999. *Computational Lexicography.* Doordrecht: Kluwer

Gödert, W. 1987. *Zum Problem der Äquivalenzrelation in Dokumentationssprachen.* Nachrichten für Dokumentation 38, pp. 91–94

Judge, A. 1982. *Anti-Developmental Biases in Thesaurus Design.* In F.W. Riggs (ed.), The CONTA Conference, Proceedings of the Conference on Conceptual and Terminological Analysis in the Social Sciences, Bielefeld, 1981. Frankfurt am Main: Indeks, pp. 185–201

Lamb, S. M. 1998. *Pathways of the Brain: The Neurocognitive Basis of Language.* Amsterdam: Benjamins

Lipp, A., Schmitz-Esser, W., 1993. *Eight European Museums teaming up for EMN, the European Museums Network, and where to go from now.* Vortrag auf der ICHIM – 2nd International Conference on Hypermedia and Interactivity in Museums, Cambridge

Martinet, A. 1960. *Eléments de Linguistique Générale. Paris:* Colin (4. éd. : 1964)

Mustafa El-Hadi, W., Maniez, J., Pollitt, S. (eds.) 1998. *Structures and Relations in Knowledge Organization.* Proceedings of the Fifth International ISKO Conference, Lille, 1998. Würzburg: Ergon (Advances in Knowledge Organization; Vol. 6).

Mustafa El-Hadi, W. 1998. *Automatic Term Recognition & Extraction Tools: Examining the New Interfaces and their Effective Communication Role in LSP Discourse.* In Mustafa El-Hadi et al. 1998, pp. 205–212

Nivette, J. 1974. *Principes de Grammaire Générative,* Paris: Nathan

Ohly, H. P., Binder, G. 1994. *Semantisches Retrieval mit sozialwissenschaftlichen Dokumenten: Erste Erfahrungen mit RELATIO/IR".* In W. Neubauer (Hrsg.), Deutscher Dokumentartag 1994, Proceedings. Frankfurt am Main: Deutsche Gesellschaft für Dokumentation, pp. 275–293

Phelan, A. 1998. *Database and Knowledge Representation: The Greek Legacy.* In Mustafa El-Hadi et al. 1998, pp. 351–359

Püschel, U. 1975. *Semantisch-syntaktische Relationen – Untersuchungen zur Kompatibilität lexikalischer Einheiten im Deutschen.* Tübingen: Niemeyer (Germanistische Linguistik 2)

Rahmstorf, G. 1983. *Die semantischen Relationen in nominalen Ausdrücken des Deutschen.* Dissertation, Johannes Gutenberg Universität, Mainz

Rahmstorf, G. 1994. *Semantisches Information Retrieval.* In W. Neubauer (Hrsg.), Deutscher Dokumentartag 1994, Proceedings. Frankfurt am Main: Deutsche Gesellschaft für Dokumentation, pp. 237–260

Rahmstorf, G., Schmitz-Esser, W., Schubert, K., Zimmermann, H. 1995. *Skizze zur Standardisierung sprachbezogener Begriffssysteme (Thesauri).* Vortrag auf dem ISKO-KTF Thesaurus-Workshop, Trier, 17. Oktober 1995

Rahmstorf, G. 1998. *Concept Structures for Large Vocabularies.* In Mustafa El-Hadi et al. 1998, pp. 198–204

Rostek, L., Möhr, W., Fischer, D. 1998. *Weaving a Web: The structure and creation of an object network representing an electronic reference work.* In P. Fankhauser, M. Ockenfeld (eds.), Integrated Publication and Information Systems. GMD Sankt Augustin, pp. 189–199

Schmitz-Esser, W., 1986. *Der Computer in den Archiven der Massenmedien.* Handbuch, Ifra-INCA-FIEJ Research Association, Darmstadt

Schmitz-Esser, W. 1990. *Thesauri Facing New Challenges.* International Classification 17, pp. 129–132

Schmitz-Esser, W. 1991. *New Approaches in Thesaurus Application.* International Classification 18, pp. 143–147

Schmitz-Esser, W. 1994. *Thesaurus – frischer Anlauf: lexikographisch, mehrsprachig, maschinengängig, universal, für Informationslinguistik und Information Retrieval. Vorstellung eines im KTF erarbeiteten, neuen Thesauruskonzeptes.* In W. Neubauer (Hrsg.), Deutscher Dokumentartag 1993, Proceedings. Frankfurt am Main: Deutsche Gesellschaft für Dokumentation, pp. 261–274

Schmitz-Esser, W. 1995. *Language of general communication and concept compatibility.* In Compatibility and Integration of Order Systems, Research Seminar Proceedings of the TIP/ISKO Meeting, Warsaw, 13–15 September, 1995. Warszawa: International Society for Knowledge Organization, Verlag Wydawnictwo, pp. 11–21

Schmitz-Esser, W. 1998. *Defining the Conceptual Space for a World Exhibition – First Experiences*. In Mustafa El-Hadi et al. 1998, pp. 146–152

Schmitz-Esser, W. 1999a. *Modélisation, au moyen d'un thésaurus encyclopédique et plurilingue, des connaissances présentées au cours de l'Exposition Mondiale de l'an 2000*. In J. Maniez, W. Mustafa El-Hadi (eds.), Organisation des connaissances en vue de leur intégration dans les systèmes de représentation et de recherche d'information, Villeneuve d'Ascq (Nord): Université Charles de Gaulle-Lille 3, pp. 57–69

Schmitz-Esser, W., 1999b. *Thesaurus and Beyond: An Advanced Formula for Linguistic Engineering and Information Retrieval*. Knowledge Organization 26(1), pp. 10–22

Schubert, K. 1995. *Parameters for the design of an intermediate language for multilingual thesauri*. Knowledge Organization 22(3/4), pp. 136–140

Searle, J. R. 1992. The *Rediscovery of the Mind*. Cambridge, Mass.: MIT Press

Soergel, D. 1995. *Data structure and software support for integrated thesauri*. In Compatibility and Integration of Order Systems, Research Seminar Proceedings of the TIP/ISKO Meeting, Warsaw, 13–15 September, 1995, Warszawa: International Society for Knowledge Organization, Verlag Wydawnictwo, pp. 47–57

Stamper, R. 1987. *Semantics*. In R.J. Boland, R.A. Hirschheim (eds.), Critical Issues in Information Systems Research, Chichester: John Wiley & Sons

Stéphane, R. 1997. *Variations des représentations linguistiques: Des unités à l'énoncé*. In Diversité des langues et représentations cognitives. Paris: Ophrys, p. 5–24

Tekles, H. 1990. *Die Verdichtung von Information*. In J. Herget, R. Kuhlen (Hrsg.), Pragmatische Aspekte beim Entwurf und Betrieb von Informationssystemen. Universitäts-Verlag Konstanz, p. 411–426

Zimmermann, H. 1993. *Aspektierung von Thesaurus-Relationen: Öffnung in universale Anwendbarkeit?* In W. Neubauer (Hrsg.), Deutscher Dokumentartag 1993, Proceedings. Frankfurt am Main: Deutsche Gesellschaft für Dokumentation, pp. 275–290

Index